大学入試完全対策シリーズ────駿台

2022 大学入学共通テスト
実戦問題集

英語リスニング

駿台文庫編

2022 年度版　共通テスト実戦問題集『英語 リスニング』

掲載問題　出典一覧

第1回	第2回	第3回
2019 年 高 2 駿台 共通テスト対策模試を改作	2020 年 駿台共通テスト模試を改作	2020 年 第 3 回駿台・ベネッセ 大学入学共通テスト模試を改作

第4回	第5回	
2020 年 駿台 atama+ プレ共通テスト模試	2020 年 駿台 atama+ 高 2 共通テスト模試	

は じ め に

　2021 年度より新しく始まった「共通テスト」の英語のリスニング問題は，従来のセンター試験のリスニング問題の良質な面は受け継ぎつつも，分量・内容・形式はかなり大きく変わりました。「英語の４技能（読む・聞く・書く・話す）をバランス良く育成する」という目標に基づき，リスニングは大幅に問題量が増えて，リーディングと同じ配点となりました。そして，英語の音声・語彙・表現・文法などの知識を，実際のコミュニケーションの場において，目的・場面・状況に応じて適切に活用できることを目指し，「聞く」ことを通してこれらの知識が活用できるかどうかが評価されます（したがって従来と同様に，発音やアクセントを単独で問う問題は出題されません）。

　このように，実際の場面でのリスニング力を重視するという観点から，学校や社会での活動に関わる素材を用いて，その概要や要点を把握する力，必要な情報を聞き取る力が求められます。そして英語が流される回数は，従来のセンター試験ではすべて２回でしたが，共通テストでは，現実の状況を考慮に入れて，１回のみしか流されない問題が含まれます。前半の問題は，短い英語が２回ずつ読まれる形式なので，比較的易しく感じられるでしょう。しかし後半になると，英語が長くなり，読まれる回数も１回になります。確かに長い話を１回だけ聞いて理解するのは大変なことです。周到な準備をして望まないと高得点を取ることは難しいでしょう。したがって正しい学習を積み重ねていくことが大切です。まず大事なのは，日常の学習において「聞いて即理解する」という姿勢を保ちつつ，リスニングの学習を積み重ねることです。「理解する」というのは，単に流される英語の単語が聞き取れるということではありません。英語の表す事柄が，自分の中でしっかりと「消化」できていることが大事です（共通テストでは，正解となる選択肢の表現が，音声中には無い語句を用いて作られていることが多いのはこのためです）。

　このように，聞き取れた内容を，音声中にはない表現で問われた時に，正しく判断できるかという力が，共通テストでは大きな鍵となります。この点を意識しつつ，日常の学習を積み重ねていってください。また，もう１つ大事なことは，あらかじめ問題の特徴を頭に入れておき，どの程度の分量で，どのような形式の問題が出されるのか，そしてどのように取り組めば効率よく解答できるのかをあらかじめ把握しておくことです。これによって，本番ではあわてることなく，自分の力を最大限に発揮することができるでしょう。本問題集がその一助となれば幸いです。

（編集責任者）　鈴木貴之

本書の特長と利用法

特　長

1　オリジナル問題を掲載

　　共通テスト「英語（リスニング）」対策のために，駿台予備学校で行われた実績のある模試5回分を掲載しています。形式・分量はもちろん，題材・レベルに至るまで，実際の試験と遜色のないよう工夫を凝らしてあります。

2　音声CD（3枚）と詳しい解説を用意

　　問題の音声はすべて付属CDに収録してあります。また，各問題に「放送英文のスクリプト」，「全訳」，「解答のポイント」を掲載しましたので，これらを活用することにより，試験本番同様の問題演習と弱点の補強が可能です。音声はCDと同内容のmp3ファイルをダウンロードすることもできます（次ページの「音声ダウンロードについて」を参照）。

3　傾向と対策をわかりやすく解説

　　問題冊子の巻頭に掲載している「共通テスト英語　攻略のポイント」では，本試験の問題例を具体的に示しながら，リスニングの学習方法や解き方のポイントを簡潔に解説しています。

4　学力の客観的評価ができる

　　一部の問題には，模試で実施した当時の成績データを掲載しました。弱点の発見・対策を効率よく行うことができます。

利用法

1　問題は，本番の試験に臨むつもりで，マークシート解答用紙を用いて，必ず制限時間を設けて取り組んでください。

2　解答したあとは，自己採点をし（結果は解答ページの自己採点欄に記入しておく），ウイークポイントの発見に役立ててください。ウイークポイントがあったら再度解き，わからないところを教科書や辞書で調べるなどして克服しましょう！

付属CDの使い方

1　本書には音声CDが3枚付属しています。**DISC 1 ⇒ 第1回・第2回，DISC 2 ⇒ 第3回・第4回，DISC 3 ⇒ 第5回**の実戦問題を，それぞれ収録してあります。

2　英文の読み上げ回数（1〜2回）やポーズなどは実際の試験と同じ形式で収録してあります。本番を想定した演習を行うときには，一度スタートボタンを押せば，テストの終了まで，自分で繰り返しなどの操作を行う必要はありません。

3　各問題の扉ページに各設問ごとの**トラック一覧表**を掲載してありますので，復習などに利用してください。

音声ダウンロードについて

1 下記アドレスまたは QR コードより駿台文庫ダウンロードシステムへアクセスし，認証コードを入力して「サービスを開始する」を押してください。

https://www2.sundai.ac.jp/yobi/sc/dllogin.html?bshcd=B3&loginFlg=2

認証コード：B3 － 96163873

2 認証コード入力後の「ダウンロードについてのご案内」をご確認ください。音声ダウンロードに際しての使用方法や注意事項，サンプルファイルをご利用いただけます。

3 ダウンロードしたいコンテンツを選択し，「一括ダウンロードを実行」または「ファイル単位選択・ダウンロード画面へ」を押してください。コンテンツ名の 01 ～ 03 は CD の DISC 1 ～ 3 に対応しています。

【zip ファイル名称】　J221021_B3.zip（2022 実戦問題集 _ 英語リスニング 01）
　　　　　　　　　　　J221022_B3.zip（2022 実戦問題集 _ 英語リスニング 02）
　　　　　　　　　　　J221023_B3.zip（2022 実戦問題集 _ 英語リスニング 03）

【ファイル単位名称例】　01_01_2022jissen_listening.mp3
　　　　　コンテンツ（DISC）番号 ┛ ┗ ファイル番号

共通テスト英語　攻略のポイント

2021年度　第1日程：英語（リスニング）

《全体的特徴》
2021年度（第1日程）の概要

大問数	合計点	試験時間	設問総数	平均点
6	100点	30分	37題	56.16点

《英語（リスニング）大問別の特徴》

第1問（配点　25点）
　A　短文の聞き取り（4問）　　　　　　　〈易〉

> 第1問（配点　25）　音声は2回流れます。
>
> 第1問はAとBの二つの部分に分かれています。
>
> A　第1問Aは問1から問4までの4問です。英語を聞き，それぞれの内容と最もよく合っているものを，四つの選択肢(①〜④)のうちから一つずつ選びなさい。
>
> 問1　1
>
> ①　The speaker does not want any juice.
> ②　The speaker is asking for some juice.
> ③　The speaker is serving some juice.
> ④　The speaker will not drink any juice.

　B　短文の聞き取り［イラスト付き］（3問）　〈易〉

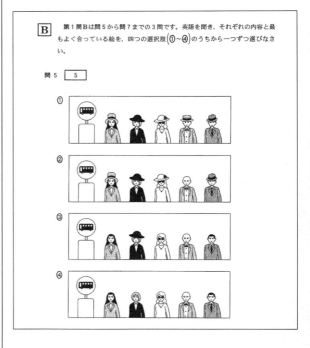

> Aは1つの短い文を2回流して，「発言の意図」や「（直接表現されていない）事柄」を問う。
> Bも短い文を2回流して，発言の内容に合う絵を選ばせる。
> いずれも英文は短く，2回流されることから，取り組みやすい平易な問題と言える。

— 6 —

第2問（配点 16点）
短い対話の聞き取り［イラスト付き］（4問） 〈標準〉

　流される英語は男女2人による対話とそれについての問いで，各問題とも男女2回ずつの発言からなる。問題用紙には，日本語による状況説明文と，選択肢のイラストが与えられるが，問いの文は英語で読まれる。設問は，問いに合うイラストを選ばせる形式で，位置，変化，形状・用途などの表現を正しく聞き取ることがポイントとなる。対話と問いは2回流されるので，落ち着いて聞き取れば難しい問題ではない。

第3問（配点 18点）
短い対話の聞き取り（6問） 〈標準〉

　第2問と同じように，男女2人による対話で，日本語による状況説明文が与えられているが，イラストは含まれず，問いの英文は問題用紙に書かれている。対話の分量は，第2問よりもやや多めである。設問は，英語の問いに合う答えを選択する形式。問いの内容は，「対話の前後に起こる（と思われる）こと」，「対話を取り巻く状況」，「発言者の気持ち・考え」などに関するものである。極端に難しい問いはなく，難易度は標準的であるが，この問題以降，音声は1回のみしか流されないので，より一層の注意・集中力が必要となる。

第4問（配点 12点）
A　1人の人物が語る話の聞き取り（8問） 〈標準〉

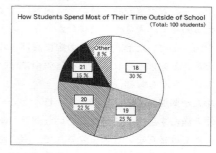

B　４人の人物が語る話の聞き取り（１問）　〈標準〉

B **第4問Bは問26の1問です。**話を聞き，示された条件に最も合うものを，四つの選択肢（①～④）のうちから一つ選びなさい。下の表を参考にしてメモを取ってもかまいません。**状況と条件を読む時間が与えられた後，音声が流れます。**

状況
あなたは，旅行先のニューヨークで見るミュージカルを一つ決めるために，四人の友人のアドバイスを聞いています。
あなたが考えている条件
A. 楽しく笑えるコメディーであること
B. 人気があること
C. 平日に公演があること

Musical titles	Condition A	Condition B	Condition C
① It's Really Funny You Should Say That!			
② My Darling, Don't Make Me Laugh			
③ Sam and Keith's Laugh Out Loud Adventure			
④ You Put the 'Fun' in Funny			

問26 "　26　" is the musical you are most likely to choose.

① It's Really Funny You Should Say That!
② My Darling, Don't Make Me Laugh
③ Sam and Keith's Laugh Out Loud Adventure
④ You Put the 'Fun' in Funny

　Aは，１人の人が読む話を聞いて，内容に関する問いに答える問題で，大きく２題に分かれる。いずれもグラフや図表を用いた形式で，その中に設けられた空欄を埋めることを求められる。選択肢の中には２回以上用いられるものもある。
　Bは４人が個別に語る話を聞いて，日本文で与えられた条件を満たすものを１つ選ぶという問題。条件に明らかに当てはまらないものを除外して，消去法で考えていくと，正解を見つけやすい。英文の内容と設問は平易なので，標準的な問題と言える。

第５問（配点　15点）
講義の聞き取り（７問）　〈難〉

第５問　（配点　15）　**音声は１回流れます。**

　第５問は問27から問33の７問です。
　最初に講義を聞き，問27から問32に答えなさい。次に続きを聞き，問33に答えなさい。**状況・ワークシート，問い及び図表を読む時間が与えられた後，音声が流れます。**

状況
あなたはアメリカの大学で，幸福観についての講義を，ワークシートにメモを取りながら聞いています。

ワークシート

○　**World Happiness Report**
・Purpose: To promote 　[　27　]　 happiness and well-being
・Scandinavian countries: Consistently happiest in the world (since 2012)
　Why? ⇒ "**Hygge**" lifestyle in Denmark
　　　　　↓ spread around the world in 2016
○　**Interpretations of Hygge**

	Popular Image of Hygge	Real Hygge in Denmark
What	28	29
Where	30	31
How	special	ordinary

　長めの講義を聞いて，その内容を要約したワークシートの空欄を補充し，内容が一致する英文を選択するという形式。さらに講義の続きを聞き，講義と図の内容と合う英文を選ぶ問題も含まれる。講義は１回しか読まれず，分量も多く，内容の情報量も多いため，全問正解するにはかなりの学力が必要となる。

—8—

第6問（配点　14点）
A　2人による長めの対話の聞き取り（2問）〈標準〉

第6問（配点　14）　**音声は1回流れます。**

第6問はAとBの二つの部分に分かれています。

A　第6問Aは問34・問35の2問です。二人の対話を聞き，それぞれの問いの答えとして最も適切なものを，四つの選択肢（①～④）のうちから一つずつ選びなさい。（問いの英文は書かれています。）**状況と問いを読む時間が与えられた後，音声が流れます。**

状況
Jane が Sho とフランス留学について話をしています。

問34 What is Jane's main point?　**34**

　① A native French-speaking host family offers the best experience.
　② Having a non-native dormitory roommate is more educational.
　③ Living with a native speaker shouldn't be a priority.
　④ The dormitory offers the best language experience.

B　4人による長めの会話の聞き取り（2問）〈難〉

B　第6問Bは問36・問37の2問です。会話を聞き，それぞれの問いの答えとして最も適切なものを，選択肢のうちから一つずつ選びなさい。下の表を参考にしてメモを取ってもかまいません。**状況と問いを読む時間が与えられた後，音声が流れます。**

状況
四人の学生（Yasuko, Kate, Luke, Michael）が，店でもらうレシートについて意見交換をしています。

Yasuko	
Kate	
Luke	
Michael	

問36　会話が終わった時点で，レシートの電子化に**賛成した人**は四人のうち何人でしたか。四つの選択肢（①～④）のうちから一つ選びなさい。　**36**

　① 1人
　② 2人
　③ 3人
　④ 4人

Aは，あるトピックに関する男女2人のやや長めの対話を聞いて，内容に関する問いに答える問題。それぞれの発言者の「言わんとすること」などが問われる。各発言の主旨を的確につかむことが求められるが，発言者は2人と少ないので，それほど難しい問題ではない。

Bもあるトピックに関する会話であるが，Aよりも発言者が多く，より長い会話となる。設問は，トピックに関する発言者の賛否について問うもの（問1）と，ある発言者の意見を支持する図を選択するもの（問2）の2つである。分量・発言者が多く，図表を含む問題も出されるため，かなりの難問と言える。

全体的に言えることとして，設問の正解となる選択肢の表現は，音声中には無い語句を用いて作られていることが多い。したがって流される英語の単語が断片的に聞き取れる程度では正解するのは難しく，英語の表す事柄が正しく理解できていることが大事である。

第2問以降は，日本語による状況説明文が付いているので，あらかじめ目を通して，状況を把握した上で英語を聞き取るようにしたい。

また，第3問以降は英語が1回しか読まれないので，日頃から聴解力を鍛えて，聞いた英語を瞬時に理解できる力を培っておく必要がある。

第 1 回　実 戦 問 題

（30分）

第1回　実戦問題

CD：DISC 1 ／データコンテンツ名称：2022 実戦問題集 _ 英語リスニング 01

問　題	内　容	トラック／ファイル番号	問　題	内　容	トラック／ファイル番号
表題・注意事項		01	第3問	日本語指示文	16
第1問A	日本語指示文	02		問12	17
	問1	03		問13	18
	問2	04		問14	19
	問3	05		問15	20
	問4	06		問16	21
第1問B	日本語指示文	07		問17	22
	問5	08	第4問A	日本語指示文	23
	問6	09		問18－21	24
	問7	10		日本語指示文	25
第2問	日本語指示文	11		問22－25	26
	問8	12	第4問B	日本語指示文	27
	問9	13		問26	28
	問10	14	第5問	日本語指示文	29
	問11	15		問27－32	30
				問33	31
			第6問A	日本語指示文	32
				問34－35	33
			第6問B	日本語指示文	34
				問36－37	35

英　　語（リスニング）

$\left(\text{解答番号}\ \boxed{1}\sim\boxed{37}\ \right)$

第１問　（配点　25）**音声は２回流れます。**

第１問は **A** と **B** の二つの部分に分かれています。

A　第１問 **A** は問１から問４までの４問です。英語を聞き，それぞれの内容と最もよく合っているものを，四つの選択肢（①〜④）のうちから一つずつ選びなさい。

問１　　$\boxed{1}$

①　The speaker is at home.
②　The speaker is at the store.
③　The speaker is going to the store.
④　The speaker is not home yet.

問２　　$\boxed{2}$

①　The speaker doesn't know the answer.
②　The speaker doesn't like the question.
③　The speaker doesn't want to answer the question.
④　The speaker finds the question easy.

第 1 回　英語（リスニング）

問3　　3

① Peter didn't go anywhere.

② Peter only went to the park.

③ Peter only went to the temple.

④ Peter went to the temple and the park.

問4　　4

① The speaker gave a presentation on Tuesday.

② The speaker has just talked with Kate.

③ The speaker is going to see Kate.

④ The speaker is with Kate now.

これで第 1 問 A は終わりです。

— 3 —

B 第1問Bは問5から問7までの3問です。英語を聞き，それぞれの内容と最も合っている絵を，四つの選択肢（①〜④）のうちから一つずつ選びなさい。

問5　5

第1回　英語（リスニング）

問6　6

①

②

③

④

問7 ７

①

②

③

④

これで第１問Ｂは終わりです。

第1回　英語（リスニング）

（下 書 き 用 紙）

リスニングの試験問題は次に続く。

—7—

第2問 （配点 16） 音声は2回流れます。

第2問は問8から問11までの4問です。それぞれの問いについて，対話の場面が日本語で書かれています。対話とそれについての問いを聞き，その答えとして最も適切なものを，四つの選択肢(①〜④)のうちから一つずつ選びなさい。

問8　観光中の二人が，ビルを見て話をしています。　8

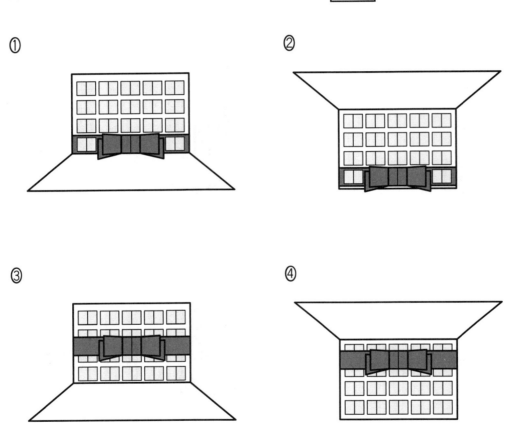

— 8 —

問9　部屋で机の置き場所について話をしています。　9

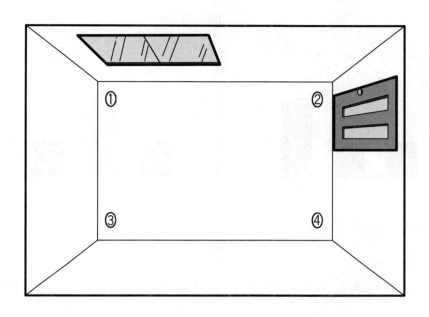

問10　今年の雨量や気温について話をしています。　10

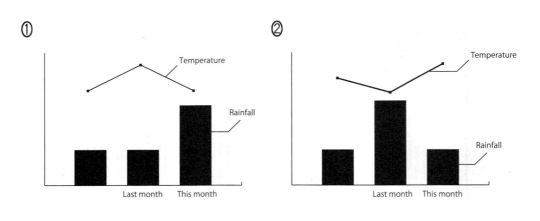
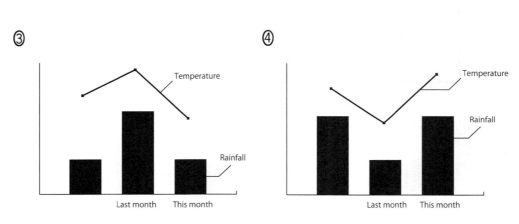

第1回　英語（リスニング）

問11　旅行先でどのアクティビティに参加するか話をしています。 11

①

②

③

④

これで第2問は終わりです。

— 11 —

第3問 （配点 18） 音声は1回流れます。

第3問は問12から問17までの6問です。それぞれの問いについて，対話の場面が日本語で書かれています。対話を聞き，問いの答えとして最も適切なものを，四つの選択肢 $\left(① \sim ④ \right)$ のうちから一つずつ選びなさい。（問いの英文は書かれています。）

問12　友人同士がロゴデザインについて話をしています。

What color are the speakers going to use for their logo? 12

① Black
② Orange
③ Red
④ Yellow

問13　飛行機で乗客同士が話をしています。

What will the man probably do? 13

① He'll go find his new seat.
② He'll sit next to the woman.
③ He'll switch to another topic.
④ He'll take another flight.

問14　日曜日の朝，起きて来たばかりの妻が夫に話しかけています。

What will the woman probably do next? 14

① Call the man a taxi.
② Get dressed.
③ Give a friend a ride.
④ Go to the airport.

— 12 —

第1回　英語（リスニング）

問15　男性が図書館のスタッフと話をしています。

What will the man do next?　15

① Borrow the same book.
② Make a library card.
③ Renew his student ID.
④ Return a book.

問16　教室で先生と George が話をしています。

What happened to George last Wednesday?　16

① He took the wrong train.
② He was absent from the class.
③ He was late for the class.
④ His bus was delayed.

問17　夫婦が見たい映画について話をしています。

Why does the woman NOT want to see Star Wars?　17

① She doesn't like it very much.
② She is too tired to watch a DVD.
③ She wants to go to the movies.
④ She watched it very recently.

これで第3問は終わりです。

— 13 —

第4問 （配点 12） 音声は1回流れます。

第4問は A と B の二つの部分に分かれています。

A 　第4問Aは問18から問25の8問です。話を聞き，それぞれの問いの答えとして最も適切なものを，選択肢から選びなさい。**問題文と図表を読む時間が与えられた後，音声が流れます。**

問18〜21 　授業であなたにワークシートが配られました。グラフについて，先生の説明を聞き，四つの空欄 18 〜 21 に入れるのに最も適切なものを，四つの選択肢（①〜④）のうちから一つずつ選びなさい。

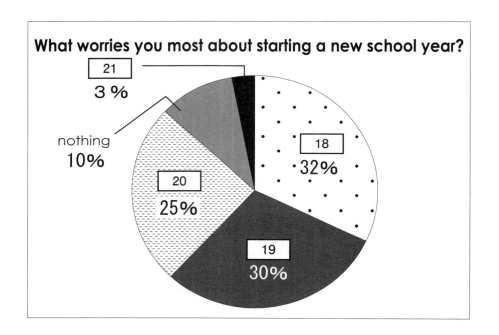

① Appearance
② Club activities
③ Making friends
④ Schoolwork

— 14 —

第1回　英語（リスニング）

問22 〜 25　あなたは，レンタルドレスのお店でアルバイトをしていて，レンタル料金についての説明を聞いています。話を聞き，下の表の四つの空欄 22 〜 25 に入れるのに最も適切なものを，五つの選択肢（① 〜 ⑤）のうちから一つずつ選びなさい。選択肢は2回以上使ってもかまいません。

	Options	Fee
Dress	Dress only	22
	Plus Bag + Shoes + Necklace	23
Dress + Hairstyling	Dress + Hairstyling only	24
	Plus Hair Accessory	25

① $200

② $250

③ $260

④ $300

⑤ $320

これで第4問 A は終わりです。

— 15 —

B 第4問 **B** は問 26 の1問です。話を聞き，示された条件に最も合うものを，四つの選択肢 (①～④) のうちから一つ選びなさい。下の表を参考にしてメモを取ってもかまいません。**状況と条件を読む時間が与えられた後，音声が流れます。**

状況

あなたは，夏休みに短期留学をするための国を選ぶために，四人の留学担当者から説明を聞いています。

あなたが考えている条件

A．その国の伝統文化に広く触れられること

B．その国の学生と交流ができること

C．一か月以上の滞在が可能であること

	Countries	Condition A	Condition B	Condition C
①	Scotland			
②	United States			
③	Australia			
④	Canada			

問 26 " 26 " is the country you are most likely to choose.

① Scotland

② United States

③ Australia

④ Canada

これで第4問 **B** は終わりです。

第1回　英語（リスニング）

（下 書 き 用 紙）

リスニングの試験問題は次に続く。

第5問 （配点 15）音声は１回流れます。

第５問は問 27 から問 33 の７問です。

最初に講義を聞き，問 27 から問 32 に答えなさい。次に続きを聞き，問 33 に答えなさい。状況・ワークシート，問い及び図表を読む時間が与えられた後，音声が流れます。

状況

　あなたはアメリカの大学で，自然災害と人間社会の関わりについての講義を，ワークシートにメモを取りながら聞いています。

ワークシート

○ **Change in the percentage of people affected by natural disasters**

| in 1994: □ % of the population |

| Number of people affected | = Overall result: | 27 |

| in 2013: □ % of the population |

○ **The effect of poverty on natural disasters**

Countries compared	Kind of disaster	Number of victims
Haiti vs. Chile	28	Haiti = 400 times 29 than Chile
Haiti vs. Dominican Republic	30	Haiti = 10 times 31 than D. Republic
Peru 1982 ～ & 1997 ～ vs. Peru 2014 ～	climate-related disasters	2014 ～ = far less than 1982 ～ & 1997 ～

— 18 —

第1回　英語（リスニング）

問27　ワークシートの空欄　27　に入れるのに最も適切なものを，六つの選択
肢（①〜⑥）のうちから一つ選びなさい。

① an increase of 0.7 percent　　② a decrease of 0.7 percent

③ an increase of 1.7 percent　　④ a decrease of 1.7 percent

⑤ an increase of 2.7 percent　　⑥ a decrease of 2.7 percent

問28〜31　ワークシートの空欄　28　〜　31　に入れるのに最も適切なもの
を，四つの選択肢（①〜④）のうちから一つずつ選びなさい。選択肢は2回
以上使ってもかまいません。

① climate-related disasters　　② earthquake

③ less　　　　　　　　　　　　④ more

問32　講義の内容と一致するものはどれか。最も適切なものを，四つの選択肢
（①〜④）のうちから一つ選びなさい。　32

① Advancing technology will enable us to conquer natural disasters in
the near future.

② Climate-related disasters are less serious than other natural disasters.

③ Human activities have mainly done damage to nature.

④ Humans have succeeded in reducing the damage caused by some
natural disasters.

第5問はさらに続きます。

— 19 —

問33 講義の続きを聞き，下の図から読み取れる情報と講義全体の内容からどのようなことが言えるか，最も適切なものを，四つの選択肢(①〜④)のうちら一つ選びなさい。 33

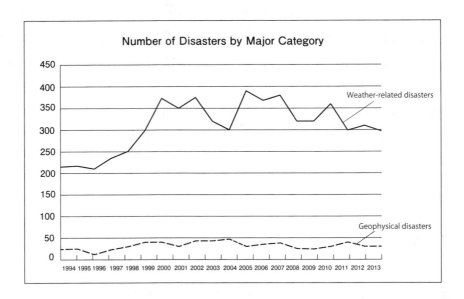

① Climate-related disasters will account for a larger number of natural disasters.
② More money should be spent on reducing the damage caused by natural disasters.
③ The number of geophysical disasters will surely decrease.
④ The number of victims of climate-related disasters will surely increase.

これで第5問は終わりです。

第1回　英語（リスニング）

（下 書 き 用 紙）

リスニングの試験問題は次に続く。

— 21 —

第6問 （配点 14）**音声は1回流れます。**

第6問は **A** と **B** の二つの部分に分かれています。

A   第6問 **A** は問34・問35の2問です。二人の対話を聞き，それぞれの問いの答えとして最も適切なものを，四つの選択肢 $\left(\text{①} \sim \text{④}\right)$ のうちから一つずつ選びなさい。（問いの英文は書かれています。）**状況と問いを読む時間が与えられた後，音声が流れます。**

状況

　Emily が Takeshi と就職活動の面接について話をしています。

問 34   What is Emily's main point? 　34

① Nobody can tell if it's worth looking for a good job.

② Nobody knows how to improve their talking skills.

③ We all say things that aren't perfectly accurate.

④ We all tend to believe the things others say to us.

問 35   What does Takeshi believe everyone should do? 　35

① Describe things accurately in job interviews.

② Have as many job interviews as possible.

③ Speak slowly and clearly in job interviews.

④ Spend enough time preparing for job interviews.

これで第6問 A は終わりです。

— 22 —

第1回　英語（リスニング）

（下 書 き 用 紙）

リスニングの試験問題は次に続く。

B 　第6問 **B** は問 36・問 37 の 2 問です。会話を聞き，それぞれの問いの答えとして最も適切なものを，選択肢のうちから一つずつ選びなさい。下の表を参考にしてメモを取ってもかまいません。**状況と問いを読む時間が与えられた後，音声が流れます。**

状況
　四人の学生（Dominic，Kylie，George，Ella）が将来，すべての車が電気自動車になるかどうかについて意見交換をしています。

Dominic	
Kylie	
George	
Ella	

問 36　会話が終わった時点で，すべての車が電気自動車になるだろうと**感じた人**は四人のうち何人でしたか。四つの選択肢（① ～ ④）のうちから一つ選びなさい。　36

① 　1人
② 　2人
③ 　3人
④ 　4人

― 24 ―

第 1 回　英語（リスニング）

問 37　会話を踏まえて，Kylie の意見を最もよく表している図表を，四つの選択
肢 $\left(① \sim ④\right)$ のうちから一つ選びなさい。　| 37 |

①

How Many Electric Car
Companies do you Know?

1
2〜3
0
4+

②

Is Noise an Issue
on Vahicles?

66%
NO

34%
YES

③

Government Funding to
Green Companies

1990　2000　2010　2020

④

Cost

Gasoline Cars　Vs.　Electric Cars

HIGH

LOW

Price　Power　Maintenance

これで第 6 問 B は終わりです。

— 25 —

第 2 回　実 戦 問 題

（30分）

第2回　実戦問題

CD：DISC 1 ／データコンテンツ名称：2022 実戦問題集 _ 英語リスニング 01

問　題	内　容	トラック／ファイル番号	問　題	内　容	トラック／ファイル番号
表題・注意事項		36	第3問	日本語指示文	51
第1問A	日本語指示文	37		問12	52
	問1	38		問13	53
	問2	39		問14	54
	問3	40		問15	55
	問4	41		問16	56
第1問B	日本語指示文	42		問17	57
	問5	43	第4問A	日本語指示文	58
	問6	44		問18 － 21	59
	問7	45		日本語指示文	60
第2問	日本語指示文	46		問22 － 25	61
	問8	47	第4問B	日本語指示文	62
	問9	48		問26	63
	問10	49	第5問	日本語指示文	64
	問11	50		問27 － 32	65
				問33	66
			第6問A	日本語指示文	67
				問34 － 35	68
			第6問B	日本語指示文	69
				問36 － 37	70

英　語（リスニング）

$\left(\text{解答番号}\boxed{1}\sim\boxed{37}\right)$

第１問　（配点　25）**音声は２回流れます。**

第１問は **A** と **B** の二つの部分に分かれています。

A　第１問 **A** は問１から問４までの４問です。英語を聞き，それぞれの内容と最もよく合っているものを，四つの選択肢 $\left(①\sim④\right)$ のうちから一つずつ選びなさい。

問１　　$\boxed{1}$

① The speaker is trying to avoid food poisoning.
② The speaker is trying to watch his calories.
③ The speaker isn't satisfied with his supper.
④ The speaker isn't very particular about food.

問２　　$\boxed{2}$

① The speaker didn't feed his dog.
② The speaker didn't walk his dog.
③ The speaker felt a little tired.
④ The speaker stayed home all day.

― 2 ―

第2回　英語（リスニング）

問3 　3

① Mary's essay is okay.

② Mary's essay is very good.

③ Mary's essay isn't fun to read.

④ Mary's essay isn't satisfactory.

問4 　4

① The speaker believes in freedom of speech.

② The speaker doesn't care what others think of him.

③ The speaker doesn't trust the person.

④ The speaker likes the person.

これで第1問 A は終わりです。

B 第1問Bは問5から問7までの3問です。英語を聞き，それぞれの内容と最も合っている絵を，四つの選択肢（①〜④）のうちから一つずつ選びなさい。

問5 ⑤

①

②

③

④

— 4 —

第2回　英語（リスニング）

問6　6

①

②

③

④

問7 　7

①

②

③

④

これで第1問Bは終わりです。

第2回　英語（リスニング）

（下 書 き 用 紙）

リスニングの試験問題は次に続く。

第2問 (配点 16) 音声は2回流れます。

　第2問は問8から問11までの4問です。それぞれの問いについて，対話の場面が日本語で書かれています。対話とそれについての問いを聞き，その答えとして最も適切なものを，四つの選択肢 (① ～ ④) のうちから一つずつ選びなさい。

　問8　車の駐車の場所について話をしています。　8

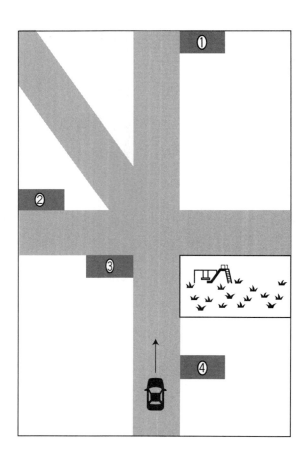

— 8 —

問9　台風の進路について話をしています。　9

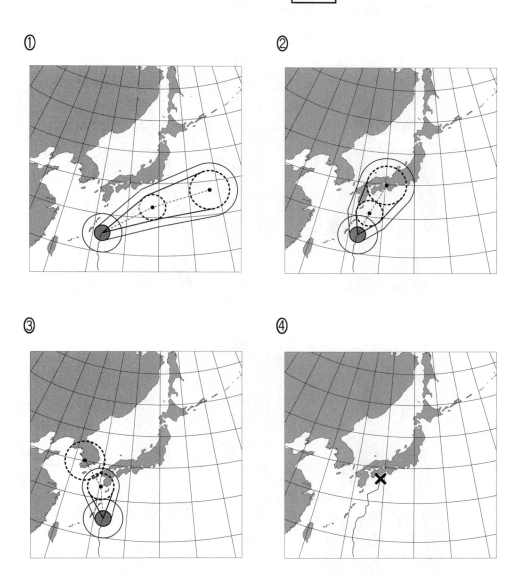

問10　ロボットコンテストで見てきたロボットについて話をしています。
　　　 10

①

②

③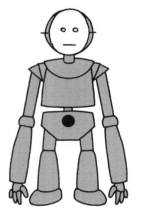

④

第2回　英語（リスニング）

問11　映画館の前で映画の話をしています。　11

① ② ③ ④

これで第2問は終わりです。

第3問 （配点 18）**音声は1回流れます。**

第3問は問12から問17までの6問です。それぞれの問いについて，対話の場面が日本語で書かれています。対話を聞き，問いの答えとして最も適切なものを，四つの選択肢 $\left(① \sim ④\right)$ のうちから一つずつ選びなさい。（問いの英文は書かれています。）

問12 夫婦がこれから乗る電車について話しています。

What is the scheduled arrival time of their train? 　12

① 9:50
② 9:55
③ 10:00
④ 10:05

問13 女子学生が男子学生に話しかけています。

Why can't the woman reserve her ticket? 　13

① She didn't log in.
② She doesn't know her flight number.
③ She is looking at the wrong page.
④ The home page is frozen.

問14 男性が店員に話しかけています。

What kind of bag or backpack does the man want? 　14

① A big, brown bag
② A big, gray bag
③ A small, brown backpack
④ A small, gray backpack

— 12 —

第2回　英語（リスニング）

問15　デパートでイギリス人観光客が日本人に話しかけています。

What is the woman going most likely to do? 　15

① Listen carefully to the announcement.
② Practice Japanese.
③ Shop quickly.
④ Take a break at a coffee shop.

問16　泊まりたいホテルについて夫婦で話をしています。

What is the woman most likely to do? 　16

① Cancel the hotel she reserved.
② Cancel the hotel the man reserved.
③ Keep searching for a better option.
④ Reserve the hotel the man recommended.

問17　友人同士がホスト・ファミリーについて話をしています。

What will the woman probably do next? 　17

① Promise to stay with him.
② Suggest visiting Japan.
③ Thank him for his support.
④ Withdraw her offer to help.

これで第3問は終わりです。

— 13 —

第4問 （配点 12）音声は1回流れます。

第4問はAとBの二つの部分に分かれています。

A 　第4問Aは問18から問25の8問です。話を聞き，それぞれの問いの答えとして最も適切なものを，選択肢から選びなさい。**問題文と図表を読む時間が与えられた後，音声が流れます。**

問18～21　女子学生がある一日の行動について話しています。話を聞き，その内容を表したイラスト（①～④）を，聞こえてくる順番に並べなさい。

$$\boxed{18} \rightarrow \boxed{19} \rightarrow \boxed{20} \rightarrow \boxed{21}$$

①

②

③

④

— 14 —

第2回　英語（リスニング）

問22〜25　あなたは釣り堀を経営している親戚を手伝っています。料金についての説明を聞き，下の表の四つの空欄 22 〜 25 に入れるのに最も適切なものを，五つの選択肢（① 〜 ⑤）のうちから一つずつ選びなさい。選択肢は2回以上使ってもかまいません。

① $20　　② $40　　③ $60　　④ $70　　⑤ $80

Levels	Courses		Price
Beginners	Course 1	50 minutes	22
	Course 2	80 minutes	23
Basic	Course 3	70 minutes	
	Course 4	100 minutes	24
Advanced	Course 5	90 minutes	25
	Course 6	120 minutes	

これで第4問 A は終わりです。

B 　第4問 **B** は問 26 の 1 問です。話を聞き，示された条件に最も合うものを，四つの選択肢 $(①～④)$ のうちから一つ選びなさい。下の表を参考にしてメモを取ってもかまいません。**状況と条件を読む時間が与えられた後，音声が流れます。**

状況

あなたはオーストラリア旅行で滞在するホテルを選んでいます。ホテルを選ぶにあたり，あなたが考えている条件は以下の通りです。

条件

　A. 近くに自然がある。

　B. 地元の料理が楽しめる。

　C. スポーツジムがある。

	Hotels	A. Natural opportunities	B. Local food	C. Gym
①	Blue Ocean Hotel			
②	Green Tree Park			
③	Silver Rock Resort			
④	White Lake Lodge			

問 26　各ホテルの従業員の説明を聞き，上の条件に最も合うホテルを，四つの選択肢 $(①～④)$ のうちから一つ選びなさい。　| 26 |

① 　Blue Ocean Hotel

② 　Green Tree Park

③ 　Silver Rock Resort

④ 　White Lake Lodge

これで第4問 **B** は終わりです。

第2回　英語（リスニング）

（下 書 き 用 紙）

リスニングの試験問題は次に続く。

— 17 —

第5問 （配点 15） 音声は1回流れます。

第5問は問27から問33の7問です。

最初に講義を聞き，問27から問32に答えなさい。次に続きを聞き，問33に答えなさい。状況・ワークシート，問い及び図表を読む時間が与えられた後，音声が流れます。

状況

あなたは2019年に収録された「世界の都市化」についてのアメリカの大学の講義の動画を，ワークシートにメモを取りながら聞いています。

ワークシート

○ **Projected changes in the rural population**

2019-2050　　　　　　　　Rural population

Increasing world population　In 2019 : ☐ million
+ Urbanization　　　　　　In 2050 : ☐ million　⇒ overall result ☐ 27

○ **Urbanization by regions**

Region	Country	Urban / rural population in recent years ① urban or ② rural	Changes in urban population by 2050 ③ increase or ④ decrease
Americas / Caribbean		☐ 28 ☐ population = more than 80%	
Asia	India / China	☐ 29 ☐ population = the largest in the world	Increase
	Japan / South Korea	Urban population = started to decline in some cities	In some cities = ☐ 30
Africa		Urban population = 43%	☐ 31

— 18 —

第2回　英語（リスニング）

問27　ワークシートの空欄 27 にあてはめるのに最も適切なものを，六つの
選択肢 (① ～ ⑥) のうちから一つ選びなさい。

① a growth of 3 million　　　② a decline of 3 million

③ a growth of 30 million　　④ a decline of 30 million

⑤ a growth of 300 million　⑥ a decline of 300 million

問28 ～ 31　ワークシートの表の空欄 28 ～ 31 にあてはめるのに最も適
切なものを，四つの選択肢 (① ～ ④) のうちから一つずつ選びなさい。

① urban　　　　　　　　　② rural

③ increase　　　　　　　　④ decrease

問32　講義の内容と一致するものはどれか。最も適切なものを，四つの選択肢
(① ～ ④) のうちから一つ選びなさい。 32

① More people will be living in urban areas in the future.

② More people will move from rural areas to cities in the future.

③ Urbanization will further broaden gaps between nations.

④ Urbanization will make it easy to pursue sustainable growth.

第5問はさらに続きます。

— 19 —

問33 講義の続きを聞き，下の図から読み取れる情報と講義全体の内容からどのようなことが言えるか，最も適切なものを，四つの選択肢（①〜④）のうちら一つ選びなさい。 33

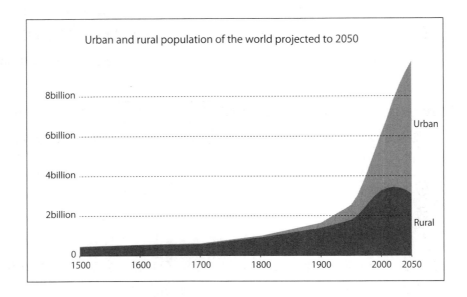

① More economic opportunities have attracted people to big cities.
② People will have many problems to solve because of rapid urbanization.
③ Rapid urbanization started at the beginning of the 19th century.
④ Urbanization does not pose a serious threat to the global environment.

これで第5問は終わりです。

第2回　英語（リスニング）

（下書き用紙）

リスニングの試験問題は次に続く。

— 21 —

第6問 （配点 14） **音声は1回流れます。**

第6問は **A** と **B** の二つの部分に分かれています。

A 　第6問 **A** は問34・問35の2問です。二人の対話を聞き，それぞれの問いの答えとして最も適切なものを，四つの選択肢 (**①**〜**④**) のうちから一つずつ選びなさい。（問いの英文は書かれています。）**状況と問いを読む時間が与えられた後，音声が流れます。**

状況

　二人の高校生 （James と Naomi） が，読書について話しています。

問34　**What is Naomi's main point?**　34

①　Reading books is becoming old-fashioned.

②　Reading books is more fun than people think.

③　Reading books is the best way to learn things.

④　Reading books is too expensive these days.

問35　**What is James's main point?**　35

①　It is efficient to find information online.

②　It is very nice to read printed books.

③　People have mixed feelings about e-books.

④　People should read books to learn things.

これで第6問 **A** は終わりです。

— 22 —

第2回　英語（リスニング）

（下 書 き 用 紙）

リスニングの試験問題は次に続く。

B　第6問 B は問 36・問 37 の 2 問です。会話を聞き，それぞれの問いの答え
として最も適切なものを，選択肢のうちから一つずつ選びなさい。下の表を
参考にしてメモを取ってもかまいません。**状況と問いを読む時間が与えられ**
た後，音声が流れます。

状況

社会科の授業で，Thomas が米国社会での読書習慣について発表をした後，
学生たちが議論をしています。Mr. McDonald（先生）が司会を務め，二人
の学生 Olivia と Sara が発言します。

Thomas	
Mr. McDonald	
Olivia	
Sara	

問 36　四人のうち，ソーシャルメディアで何かを読む行為を読書と認める**すべて**
の人を正しく示すものを，六つの選択肢（① ～ ⑥）のうちから一つ選びなさ
い。　36

① Mr. McDonald

② Thomas

③ Mr. McDonald and Olivia

④ Mr. McDonald and Thomas

⑤ Mr. McDonald, Olivia, and Sara

⑥ Thomas, Olivia, and Sara

— 24 —

第2回 英語（リスニング）

問37 Thomasの意見を支持する図を，四つの選択肢(①〜④)のうちから一つ選びなさい。 37

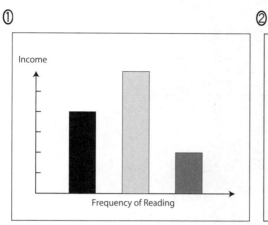

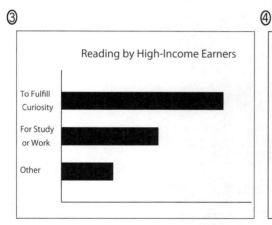

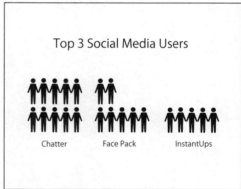

これで第6問Bは終わりです。

第 3 回　実 戦 問 題

（30分）

第３回　実戦問題

CD：DISC 2／データコンテンツ名称：2022 実戦問題集＿英語リスニング 02

問　題	内　容	トラック／ファイル番号	問　題	内　容	トラック／ファイル番号
表題・注意事項		01	第3問	日本語指示文	16
第1問A	日本語指示文	02		問12	17
	問1	03		問13	18
	問2	04		問14	19
	問3	05		問15	20
	問4	06		問16	21
第1問B	日本語指示文	07		問17	22
	問5	08	第4問A	日本語指示文	23
	問6	09		問18－21	24
	問7	10		日本語指示文	25
第2問	日本語指示文	11		問22－25	26
	問8	12	第4問B	日本語指示文	27
	問9	13		問26	28
	問10	14	第5問	日本語指示文	29
	問11	15		問27－32	30
				問33	31
			第6問A	日本語指示文	32
				問34－35	33
			第6問B	日本語指示文	34
				問36－37	35

英　　語（リスニング）

$\left(\text{解答番号}\boxed{1}\sim\boxed{37}\right)$

第１問　（配点　25）　音声は２回流れます。

第１問は **A** と **B** の二つの部分に分かれています。

A　　第１問 **A** は問１から問４までの４問です。英語を聞き，それぞれの内容と最もよく合っているものを，四つの選択肢（①〜④）のうちから一つずつ選びなさい。

問１　　$\boxed{1}$

① The speaker ate all the spaghetti.

② The speaker cleaned the carpet upstairs.

③ The speaker made a mess in the house.

④ The speaker wanted help in the kitchen.

問２　　$\boxed{2}$

① The speaker asks to hear a recent test score.

② The speaker hopes to give information to Mr. Tanaka.

③ The speaker offers to help another student.

④ The speaker wants to hear the information again.

— 2 —

第3回　英語（リスニング）

問3　　3

① Jules brought Indian food from home.
② Jules forgot to eat while he was at work.
③ Jules left the office to make a sandwich.
④ Jules went out of the office for lunch.

問4　　4

① Monica asked for help finding something she had lost.
② Monica found the toy bear that she had lost.
③ Monica lost her toy animal inside her home.
④ Monica searched in one small part of her house.

これで第1問 A は終わりです。

B 第1問Bは問5から問7までの3問です。英語を聞き，それぞれの内容と最も合っている絵を，四つの選択肢（① 〜 ④）のうちから一つずつ選びなさい。

問5　5

①

②

③

④

第3回　英語（リスニング）

問6　6

①

②

③

④

問7　[7]

①

②

③

④

これで第1問Bは終わりです。

第3回　英語（リスニング）

（下書き用紙）

リスニングの試験問題は次に続く。

第2問 （配点 16） 音声は2回流れます。

第2問は問8から問11までの4問です。それぞれの問いについて，対話の場面が日本語で書かれています。対話とそれについての問いを聞き，その答えとして最も適切なものを，四つの選択肢（①〜④）のうちから一つずつ選びなさい。

問8　教授の研究室の場所について，研究棟の前で話をしています。　8

第3回　英語（リスニング）

問9　昨日の時間の過ごし方について話をしています。　9

①
- Other 7
- Sleeping 8
- Watching TV 2
- Studying 7

②
- Other 7
- Studying 8
- Watching TV 2
- Sleeping 7

③
- Other 8
- Studying 8
- Watching TV 1
- Sleeping 7

④
- Other 8
- Sleeping 8
- Watching TV 1
- Studying 7

— 9 —

問10　カフェで頼むものについて話をしています。　10

①

②

③

④

第3回　英語（リスニング）

問11　ダンスパーティーで身につけるものについて話をしています。　11

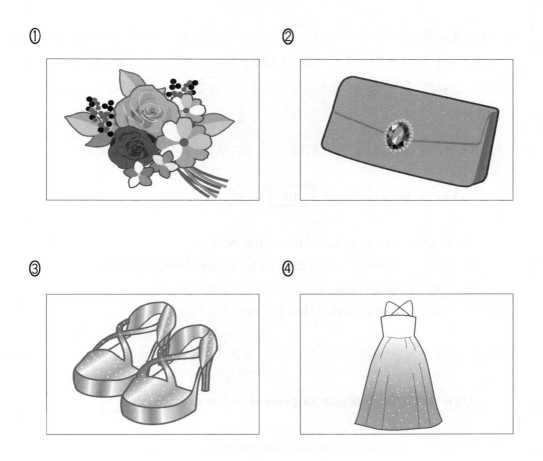

これで第2問は終わりです。

第3問 (配点 18) 音声は1回流れます。

第3問は問12から問17までの6問です。それぞれの問いについて，対話の場面が日本語で書かれています。対話を聞き，問いの答えとして最も適切なものを，四つの選択肢 (① ～ ④) のうちから一つずつ選びなさい。(問いの英文は書かれています。)

問12 友人同士が一緒に買い物に行くことについて話をしています。

What is the situation? 12

① Both of them canceled their first plan.
② Both of them have decided to go to the store on Sunday.
③ The man canceled, but the woman did not.
④ The woman canceled, but the man did not.

問13 学生である女性に対して，男性がアドバイスしています。

How did Miho become interested in the ocean? 13

① By participating in a summer program.
② By reading books.
③ By talking with Mr. Walters.
④ By watching a movie.

問14 男性と女性が職場で話をしています。

Why is the woman upset? 14

① Dave caused problems by not being on time.
② Dave did not wear the correct clothes.
③ Dave made his colleague stay until late at night.
④ Dave would not help some of the customers.

— 12 —

第3回　英語（リスニング）

問15　父親と娘がペットのイヌの世話について話をしています。

What does the man ask his daughter to do?　15

① Feed the dog.
② Give the dog water.
③ Take the dog out.
④ Wash the dog.

問16　車の中で男性と女性が話をしています。

Why are they having trouble finding the museum?　16

① They crossed the wrong street.
② They didn't see the sign on the road.
③ They took the wrong road.
④ They were misled by the guidebook.

問17　台所で夫婦が昼食について話をしています。

What are the man and woman most likely to do?　17

① Eat Italian food at a restaurant.
② Eat spicy food at a restaurant.
③ Prepare Italian food at home.
④ Prepare spicy food at home.

これで第3問は終わりです。

— 13 —

第4問 （配点 12） 音声は1回流れます。

第4問は A と B の二つの部分に分かれています。

A 第4問 A は問 18 から問 25 の 8 問です。話を聞き，それぞれの問いの答えとして最も適切なものを，選択肢から選びなさい。問題文と図表を読む時間が与えられた後，音声が流れます。

問 18 ～ 21　男の子が今日あった出来事について話しています。話を聞き，その内容を表したイラスト（①～④）を，聞こえてくる順番に並べなさい。

$\boxed{18}$ → $\boxed{19}$ → $\boxed{20}$ → $\boxed{21}$

①

②

③

④

第3回　英語（リスニング）

問22 〜 25　あなたはツアー会社の社員として，列車旅行の一覧表を作成することになりました。説明を聞き，下の表の四つの空欄 22 〜 25 にあてはめるのに最も適切なものを，五つの選択肢 (① 〜 ⑤) のうちから一つずつ選びなさい。選択肢は2回以上使ってもかまいません。

① $30　　② $50　　③ $70　　④ $80　　⑤ $100

Tour Type	Tour Area	Tour Time (hours)	Price
Orange		3	22
Green	Mountains	4	23
Black		4	
Purple	City	5	24
Gold	Seaside	6	25

これで第4問 A は終わりです。

— 15 —

B 　第4問 **B** は問 26 の1問です。話を聞き，示された条件に最も合うものを，四つの選択肢（① ～ ④）のうちから一つ選びなさい。下の表を参考にしてメモを取ってもかまいません。**状況と条件を読む時間が与えられた後，音声が流れます。**

状況

あなたは世界のどこかの観光名所を訪れたいと思っています。場所を選ぶにあたり，あなたが考えている条件は以下のとおりです。

条件

A. 来訪者のための情報が提供されている。

B. 写真を撮ることができる。

C. お土産を買うことができる。

		A. Information	B. Photography	C. Gifts
①	Chestwood Park			
②	King Street			
③	Maplebury Castle			
④	Redhill Church			

問 26　その名所を訪れたことがある四人が話す場所の紹介を聞き，上の条件に最も合う場所を，四つの選択肢（① ～ ④）のうちから一つ選びなさい。 26

① Chestwood Park

② King Street

③ Maplebury Castle

④ Redhill Church

これで第4問 **B** は終わりです。

第3回　英語（リスニング）

（下 書 き 用 紙）

リスニングの試験問題は次に続く。

第5問 （配点　15）**音声は1回流れます。**

第5問は問27から問33の7問です。

最初に講義を聞き，問27から問32に答えなさい。次に続きを聞き，問33に答えなさい。**状況・ワークシート，問い及び図表を読む時間が与えられた後，音声が流れます。**

状況

あなたは大学で，広告（advertisements）の歴史について，ワークシートにメモを取りながら，講義を聞いています。

ワークシート

○ **The number of people working for newspaper companies**

In 2001: About **27**

In 2015: About 200,000

○ **History of advertising: changes over 20 years**

	Company spending: ① increased or ② decreased	Amount of change: ③ big or ④ small
The Internet	increased	**30**
Television	decreased	**31**
Newspaper	**28**	big
Out-of-Home (Signs)	**29**	small

— 18 —

第3回　英語（リスニング）

問27　ワークシートの空欄 27 にあてはめるのに最も適切なものを，六つの
　　　選択肢（① ～ ⑥）のうちから一つ選びなさい。

　　① 100,000　　　　　② 200,000　　　　　③ 300,000
　　④ 400,000　　　　　⑤ 500,000　　　　　⑥ 600,000

問28 ～ 31　ワークシートの表の空欄 28 ～ 31 にあてはめるのに最も適
　　　切なものを，四つの選択肢（① ～ ④）のうちから一つずつ選びなさい。

　　① increased　　② decreased　　③ big　　　　④ small

問32　講義の内容と一致するものはどれか。最も適切なものを，四つの選択肢
　　　（① ～ ④）のうちから一つ選びなさい。 32

　　① Companies only reach people who bought products from them
　　　before.
　　② Newspapers are still the most reliable source of information.
　　③ Television has changed so people can watch it in new ways.
　　④ The Internet lessened the importance of out-of-home advertisements.

第5問はさらに続きます。

— 19 —

問33 講義の続きを聞き，下の図から読み取れる情報と講義全体の内容から，どのようなことが言えるか，最も適切なものを，四つの選択肢（①〜④）のうち一つ選びなさい。 33

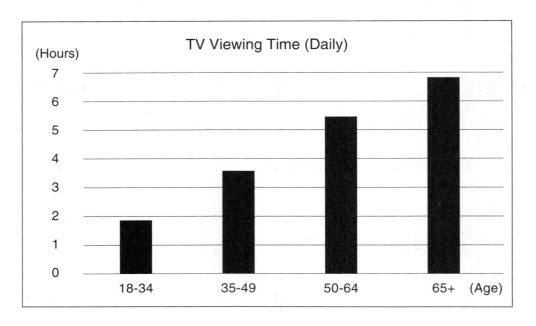

① Older people tend to enjoy watching movies especially when they are romantic ones.
② One characteristic of television is that it can only be seen in people's homes.
③ Television advertisements can target young people, though their daily viewing time is less than two hours a day.
④ Television viewing time does not depend on the age of a person but on his or her interests.

これで第5問は終わりです。

第3回　英語（リスニング）

（下 書 き 用 紙）

リスニングの試験問題は次に続く。

第6問 （配点 14）音声は1回流れます。

第6問は **A** と **B** の二つの部分に分かれています。

A 　第6問 **A** は問34・問35の2問です。二人の対話を聞き，それぞれの問いの答えとして最も適切なものを，四つの選択肢（① ～ ④）のうちから一つずつ選びなさい。（問いの英文は書かれています。）**状況と問いを読む時間が与えられた後，音声が流れます。**

> 状況
> 　二人の大学生（Kaito と Ruby）が，お医者さんに行く（go to the doctor）ことについて話をしています。

問34　**What is Kaito's main point?** 　34

① 　Doctors are too busy to see many patients.

② 　It's possible to treat many health problems at home.

③ 　Some people are a little too worried about their health.

④ 　We should take our health problems seriously.

問35　**What is Ruby's main point?** 　35

① 　Doctors sometimes do not listen to their patients.

② 　Everyone should be more careful about their health.

③ 　Health problems often go away on their own.

④ 　People do poorly at sports if they worry too much.

これで第6問 A は終わりです。

— 22 —

第3回　英語（リスニング）

（下 書 き 用 紙）

リスニングの試験問題は次に続く。

B 　第6問 **B** は問36・問37の2問です。会話を聞き，それぞれの問いの答え
として最も適切なものを，選択肢のうちから一つずつ選びなさい。下の表を
参考にしてメモを取ってもかまいません。**状況と問いを読む時間が与えられ**
た後，音声が流れます。

状況

　Dr. Edward が健康でいること（staying healthy）について講演した後，
質疑応答の時間がとられています。司会（moderator）が聴衆からの質問
を受け付けています。Reika と James が発言します。

Dr. Edward	
James	
Moderator	
Reika	

問36　四人のうち，何かあったときにすぐにお医者さんに行くことに**反対してい**
　　る人をすべて挙げた正しいものを，六つの選択肢 $\left(① \sim ⑥\right)$ のうちから一つ
　　選びなさい。　 36

　　A：Dr. Edward　　　B：James　　　C：Moderator　　　D：Reika

① 　A　　　　　　　　② 　D　　　　　　　　③ 　A，C
④ 　B，D　　　　　　　⑤ 　A，B　　　　　　⑥ 　B，C，D

— 24 —

第3回　英語（リスニング）

問37　Dr. Edwardの意見を支持する図を，四つの選択肢（①〜④）のうちから一つ選びなさい。　37

①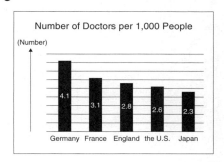

②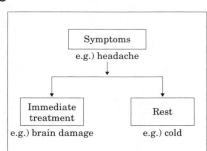

③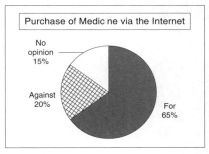

④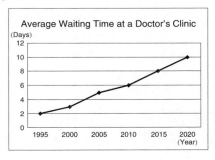

これで第6問Bは終わりです。

第 4 回　実　戦　問　題

(30分)

●第4回実戦問題データ

・下記のグラフは，第4回実戦問題受験者の得点状況を表したものです。

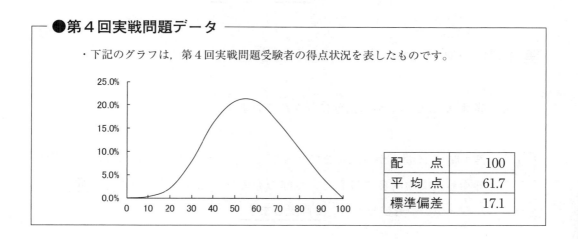

配　　点	100
平均点	61.7
標準偏差	17.1

CD：DISC 2／データコンテンツ名称：2022 実戦問題集 _ 英語リスニング 02

問　題	内　容	トラック／ファイル番号	問　題	内　容	トラック／ファイル番号
表題・注意事項		36		日本語指示文	51
第1問A	日本語指示文	37	第3問	問1	52
	問1	38		問2	53
	問2	39		問3	54
	問3	40		問4	55
	問4	41		日本語指示文	56
第1問B	日本語指示文	42	第4問A	問1	57
	問1	43		問2	58
	問2	44	第4問B	日本語指示文	59
	問3	45		問1	60
第2問	日本語指示文	46	第5問	日本語指示文	61
	問1	47		問1 (a)〜(c)	62
	問2	48		問2	63
	問3	49	第6問A	日本語指示文	64
	問4	50		問1・問2	65
			第6問B	日本語指示文	66
				問1・問2	67

英　語（リスニング）

$\left(\text{解答番号} \boxed{1} \sim \boxed{37}\right)$

第1問　（配点　24）

第1問は **A** と **B** の二つの部分に分かれています。

A　第1問 **A** は問1から問4までの4問です。それぞれの問いについて，聞こえてくる英文の内容に最も近い意味のものを，四つの選択肢$\left(① \sim ④\right)$のうちから一つずつ選びなさい。**2回流します。**

問1　$\boxed{1}$

① The speaker ate with his son.
② The speaker likes a lot of food.
③ The speaker loves his grandson.
④ The speaker made too much food.

問2　$\boxed{2}$

① Junko's father asked her a question.
② Junko's father has a low voice.
③ Junko's father refused her request.
④ Junko's father wouldn't travel abroad.

—2—

第4回　英語（リスニング）

問3　　3

　　① The speaker apologized.

　　② The speaker complained.

　　③ The speaker passed by.

　　④ The speaker sympathized.

問4　　4

　　① The speaker always goes out alone.

　　② The speaker is angry about Jim's carelessness.

　　③ The speaker regrets leaving the light on.

　　④ The speaker should have turned the light on.

これで第1問Aは終わりです。

B 第1問Bは問1から問3までの3問です。それぞれの問いについて，聞こえてくる英文の内容に最も近い絵を，四つの選択肢（①〜④）のうちから一つずつ選びなさい。**2回流します。**

問1 5

第4回　英語（リスニング）

問2　6

①

②

③

④

問3 ７

①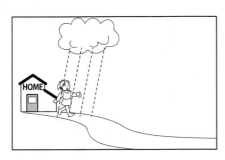

②

③

④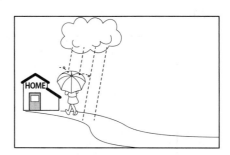

これで第１問Ｂは終わりです。

第4回　英語（リスニング）

（下 書 き 用 紙）

リスニングの試験問題は次に続く。

—7—

第2問 （配点 12）

　第2問は問1から問4までの4問です。それぞれの問いについて，対話の場面が日本語で書かれています。対話とそれについての問いを聞き，その答えとして最も適切なものを，四つの選択肢（①〜④）のうちから一つずつ選びなさい。<u>2回流します。</u>

問1　Harukaの誕生日パーティーの席の配置について話をしています。　| 8 |

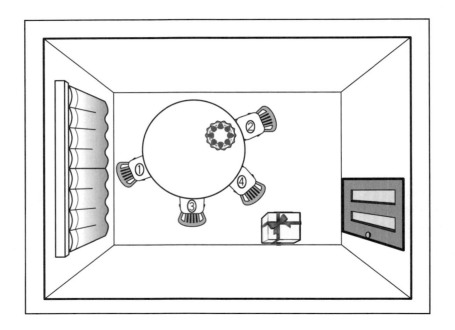

第4回　英語（リスニング）

問2　旅行で泊まる予定のホテルの部屋について話をしています。　9

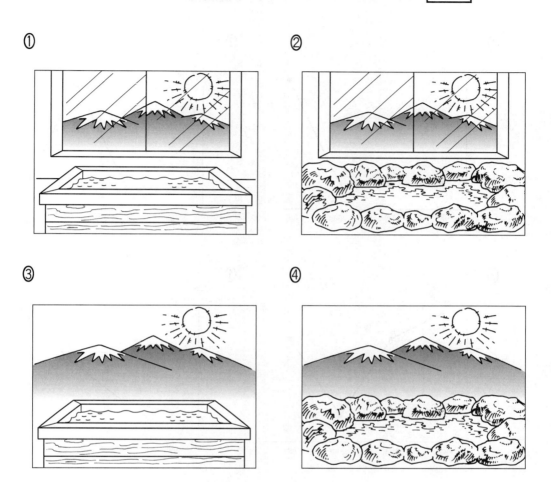

問3　家族の食費について話をしています。　10

①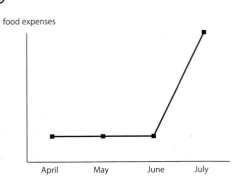

②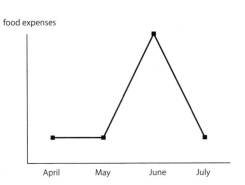

③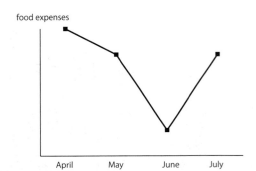

④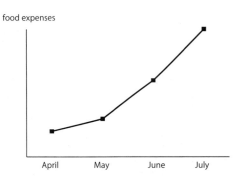

第4回　英語（リスニング）

問4　昨日見たマジックショーについて話をしています。　11

①

②

③

④

これで第2問は終わりです。

第3問 （配点 16）

第3問は問1から問4までの4問です。それぞれの問いについて，対話の場面が日本語で書かれています。対話を聞き，問いの答えとして最も適切なものを，四つの選択肢 $\left(\text{①} \sim \text{④}\right)$ のうちから一つずつ選びなさい。（問いの英文は書かれています。）**1回流します。**

問1 夫婦が旅行先の駅前で話をしています。

What will they probably do next? 12

① Check in at the hotel.
② Check the bags in the locker.
③ Relax in their hotel room.
④ Walk along the beach.

問2 医師が，診察にやって来た女性と話をしています。

Which of the following is the doctor's advice? 13

① Eat less for supper.
② Get more exercise.
③ Reduce her caffeine intake.
④ Stop playing computer games.

— 12 —

第4回　英語（リスニング）

問3　友人同士が転入生について話をしています。

Which statement about Ken is true?　14

① He is a good athlete.
② He is an old friend.
③ He is more friendly than smart.
④ He is unexpectedly funny.

問4　友人同士が放課後に教室で話をしています。

What will the man probably do next?　15

① Ask the librarian.
② Check the locker again.
③ Go back to the school cafeteria.
④ Search everywhere in the house.

これで第3問は終わりです。

— 13 —

第4問 （配点 12）

第4問はAとBの二つの部分に分かれています。

A 　第4問Aは問1・問2の2問です。話を聞き，それぞれの問いの答えとして最も適切なものを，選択肢のうちから選びなさい。**1回流します。**

問1　女子学生がある一日の行動について話をしています。話を聞き，その内容を表したイラスト（①〜④）を，聞こえてくる順番に並べなさい。

$\boxed{16}$ → $\boxed{17}$ → $\boxed{18}$ → $\boxed{19}$

①

②

③

④

第4回　英語（リスニング）

問2　あなたは携帯電話ショップでアルバイトをしています。携帯電話の料金プランについての説明を聞き，下の表の四つの空欄 20 ～ 23 にあてはめるのに最も適切なものを，五つの選択肢（①～⑤）のうちから一つずつ選びなさい。選択肢は2回以上使ってもかまいません。

① $50　　② $55　　③ $60　　④ $65　　⑤ $70

MODEL	PLAN	MONTHLY FEE
Model A	Plan 1	
	Plan 2	
	Plan 3	20
Model B	Plan 1	21
	Plan 2	
	Plan 3	
Model C	Plan 1	
	Plan 2	22
	Plan 3	23

これで第4問Aは終わりです。

— 15 —

B 　第4問 **B** は**問1**の１問です。四人の説明を聞き，問いの答えとして最も適切なものを，選択肢のうちから選びなさい。メモを取るのに下の表を使ってもかまいません。**１回流します。**

状況

　あなたは四人の友人からアルバイトの誘いを受けていて，この中から一つのアルバイト先を選ぼうとしています。アルバイト先を選ぶにあたり，あなたが考えている条件は以下のとおりです。

条件

　A. 日曜日には働きたくない。

　B. 勤務は午後９時30分までに終えたい。

　C. 様々な年齢の人と働きたい。

	A. Off on Sundays	B. Work ending by 9:30 p.m.	C. Coworkers of various ages
① Café			
② Convenience store			
③ Cram school			
④ DVD rental shop			

問1　それぞれの友人が勧めるアルバイト先の説明を聞き，上の条件に最も合う場所を，四つの選択肢 (① ～ ④) のうちから一つ選びなさい。　 24

　① Café

　② Convenience store

　③ Cram school

　④ DVD rental shop

これで第４問 **B** は終わりです。

第4回　英語（リスニング）

（下 書 き 用 紙）

リスニングの試験問題は次に続く。

第5問 (配点 20)

第5問は問1(a)～(c)と問2の2問です。講義を聞き，それぞれの問いの答えとして最も適切なものを，選択肢のうちから選びなさい。状況と問いを読む時間（約60秒）が与えられた後，音声が流れます。**1回流します。**

状況

あなたはアメリカの大学で，幼児教育について，ワークシートにメモを取りながら，講義を聞いています。

ワークシート

○ **Description of Early Childhood Education (ECE)**

　—Any formal education and care covering 　25

○ **Two main types of ECE programs:**

　Academic-based: ＿＿＿＿＿＿＿＿＿

　Play-based: ＿＿＿＿＿＿＿＿＿

○ **Three child-centered approaches:**

	Similarities	Differences	
		Learning: ① individually or ② in groups	Parental involvement: ③ required or ④ not required
Montessori ●	＿＿＿＿＿	26	29
Waldorf ●	＿＿＿＿＿	27	30
Reggio Emilia ●	＿＿＿＿＿	28	31

— 18 —

問1 (a) ワークシートの空欄 25 にあてはめるのに最も適切なものを，六つの選択肢（①〜⑥）のうちから一つ選びなさい。

① ages 0-3　　② ages 0-5　　③ ages 1-3
④ ages 1-5　　⑤ ages 3-4　　⑥ ages 3-5

問1 (b) ワークシートの表の空欄 26 〜 31 にあてはめるのに最も適切なものを，四つの選択肢（①〜④）のうちから一つずつ選びなさい。選択肢は2回以上使ってもかまいません。

① individually　② in groups　③ required　④ not required

問1 (c) 講義の内容と一致するものはどれか。最も適切なものを，四つの選択肢（①〜④）のうちから一つ選びなさい。 32

① A Montessori classroom consists of a teacher and a teaching assistant, and children of the same age.
② Children in play-based programs may develop stronger social skills than children in academic-based programs.
③ The Reggio Emilia educational approach was developed in the United States for both adult and child education.
④ Waldorf schools use a single curriculum designed to enhance children's learning and development.

問2 講義の続きを聞き，下の図から読み取れる情報と講義全体の内容から，どのようなことが言えるか，最も適切なものを，四つの選択肢（①〜④）のうちから一つ選びなさい。 33

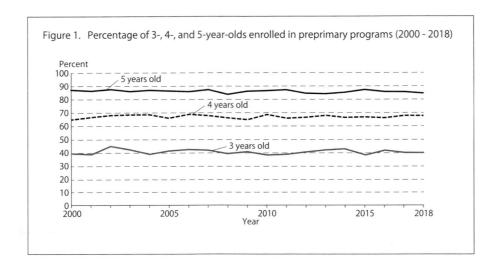

① American children have to attend kindergarten or preschool when they turn five.
② American parents prefer to educate their children at home than to send them to preschool.
③ Many families wait to send their children to preschool until they become older due to cost.
④ Most of the early childhood education programs in the U.S. do not accept 3-year-old children.

これで第5問は終わりです。

第4回　英語（リスニング）

（下 書 き 用 紙）

リスニングの試験問題は次に続く。

第6問 （配点 16）

第6問は **A** と **B** の二つの部分に分かれています。

A　第6問 **A** は問1・問2の2問です。二人の対話を聞き，それぞれの問いの答えとして最も適切なものを，四つの選択肢（① 〜 ④）のうちから一つずつ選びなさい。（問いの英文は書かれています。） <u>1回流します。</u>

<u>状況</u>
男女が，辞書について話をしています。

問1　**What is John's main point?**　 34

① Electronic dictionaries are much easier to use than paper dictionaries.
② Electronic dictionaries increase students' opportunities to learn.
③ He cannot understand why Mary is against the use of electronic dictionaries.
④ Teachers can benefit a lot from allowing students to use electronic dictionaries.

問2　**What is Mary's main point?**　 35

① Some teachers believe students can learn a lot more by using paper dictionaries.
② Students pay too much attention to definitions when using dictionaries.
③ Students should not pay much attention to usages, word origins, and example sentences.
④ The biggest problem she thinks electronic dictionaries have is the screen size.

これで第6問 **A** は終わりです。

第4回　英語（リスニング）

（下 書 き 用 紙）

リスニングの試験問題は次に続く。

— 23 —

B 　第6問 **B** は問1・問2の2問です。英語を聞き，それぞれの問いの答えとして最も適切なものを，選択肢のうちから選びなさい。**1回流します。**

状況

Professor Jones が 学 校 教 育 に お け る I C T（Information and Communication Technology）の活用について講演した後，質疑応答の時間がとられています。司会（moderator）が聴衆からの質問を受け付けています。Susan と Vincent が発言します。

問1　四人のうち，学校教育におけるＩＣＴの利用に反対の立場で意見を述べている人の組み合わせを，六つの選択肢（①〜⑥）のうちから一つ選びなさい。

⬜ 36

①　Professor Jones and Susan

②　Professor Jones and the moderator

③　Susan and Vincent

④　The moderator and Susan

⑤　The moderator and Vincent

⑥　The moderator, Susan, and Vincent

問2 Professor Jones の意見を支持する図を，四つの選択肢 (①〜④) のうちから一つ選びなさい。 37

①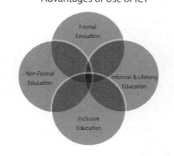

②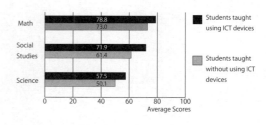

③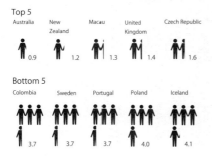

④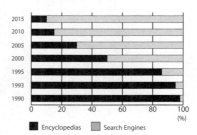

これで第6問Bは終わりです。

第 5 回　実 戦 問 題

(30分)

●第5回実戦問題データ

・下記のグラフは，第5回実戦問題受験者の得点状況を表したものです。

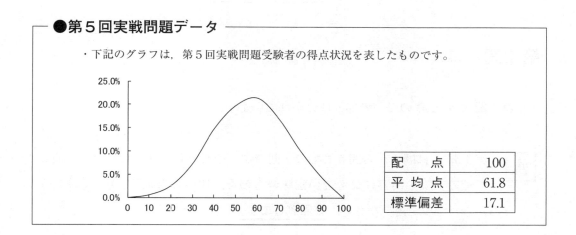

配　点	100
平均点	61.8
標準偏差	17.1

第5回　実戦問題

CD：DISC 3／データコンテンツ名称：2022 実戦問題集 _ 英語リスニング 03

問　題	内　容	トラック／ファイル番号	問　題	内　容	トラック／ファイル番号
表題・注意事項		01	第3問	日本語指示文	16
第1問A	日本語指示文	02		問1	17
	問1	03		問2	18
	問2	04		問3	19
	問3	05		問4	20
	問4	06	第4問A	日本語指示文	21
第1問B	日本語指示文	07		問1	22
	問1	08		問2	23
	問2	09	第4問B	日本語指示文	24
	問3	10		問1	25
第2問	日本語指示文	11	第5問	日本語指示文	26
	問1	12		問1 (a)〜(c)	27
	問2	13		問2	28
	問3	14	第6問A	日本語指示文	29
	問4	15		問1・問2	30
			第6問B	日本語指示文	31
				問1・問2	32

英　語（リスニング）

$$\left(\text{解答番号}\ \boxed{1}\ \sim\ \boxed{37}\ \right)$$

第1問　（配点　24）

第1問は **A** と **B** の二つの部分に分かれています。

A　第1問 **A** は問1から問4までの4問です。それぞれの問いについて，聞こえてくる英文の内容に最も近い意味のものを，四つの選択肢 $\left(\text{①} \sim \text{④}\right)$ のうちから一つずつ選びなさい。**2回流します。**

問1　$\boxed{1}$

① The movie was very boring.

② The movie wasn't so bad.

③ The speaker didn't like the movie.

④ The speaker loved the movie.

問2　$\boxed{2}$

① The speaker is younger than Mary.

② The speaker wants to go to the birthday party.

③ The speaker was invited to the birthday party.

④ The speaker will have his birthday soon.

— 2 —

第5回　英語（リスニング）

問3　3

① The restaurant is very new.
② The restaurant is very popular.
③ The restaurant was very old.
④ The restaurant wasn't very good.

問4　4

① The speaker could not find a seat today.
② The speaker often cannot find a seat.
③ The speaker's train had an accident this morning.
④ The speaker's train was crowded this morning.

これで第1問Aは終わりです。

B 第1問Bは問1から問3までの3問です。それぞれの問いについて，聞こえてくる英文の内容に最も近い絵を，四つの選択肢（①～④）のうちから一つずつ選びなさい。2回流します。

問1

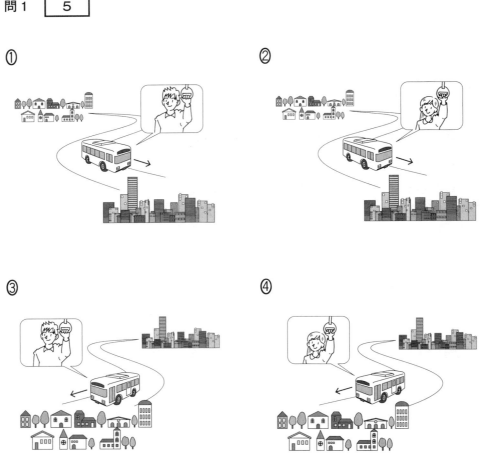

第5回　英語（リスニング）

問2　6

①

②

③

④

問3 ７

①

②

③

④

これで第１問 B は終わりです。

第5回　英語（リスニング）

（下 書 き 用 紙）

リスニングの試験問題は次に続く。

第2問 （配点 12）

　第2問は問1から問4までの4問です。それぞれの問いについて，対話の場面が日本語で書かれています。対話とそれについての問いを聞き，その答えとして最も適切なものを，四つの選択肢（① ～ ④）のうちから一つずつ選びなさい。<u>2回流します。</u>

問1　キャンプ場でテントを張る場所について話をしています。　8

第5回　英語（リスニング）

問2　写真を見て話をしています。　9

①

②

③

④

問3　花屋で植物について話をしています。　10

①

②

③

④

第５回　英語（リスニング）

問4　今日の予定について話をしています。　11

①

②

③

④

これで第２問は終わりです。

第3問 （配点 16）

　第3問は問1から問4までの4問です。それぞれの問いについて，対話の場面が日本語で書かれています。対話を聞き，問いの答えとして最も適切なものを，四つの選択肢 $(① ～ ④)$ のうちから一つずつ選びなさい。（問いの英文は書かれています。） 1回流します。

問1　男性が妻と電話で話をしています。

What is the man going to buy? 　12

①　Bread and beer
②　Bread and milk
③　Butter and beer
④　Butter and milk

問2　母親と息子が夕食について話をしています。

When will Michael have dinner? 　13

①　He will have it later this evening.
②　He will have it now.
③　He will have it tomorrow morning.
④　He won't have it tonight.

— 12 —

第5回　英語（リスニング）

問3　男性と女性がホテルに戻る方法を話し合っています。

How will the man and woman go back to the hotel? ☐ 14

① By bus.
② By subway.
③ By taxi.
④ On foot.

問4　クラスメートが新しい先生について話をしています。

What do the two students agree about? ☐ 15

① The new teacher is lazy.
② The new teacher is relaxed.
③ The new teacher is very kind.
④ The new teacher is very nervous.

これで第3問は終わりです。

—13—

第4問 （配点 12）

第4問は **A** と **B** の二つの部分に分かれています。

A 第4問 **A** は問1・問2の2問です。話を聞き，それぞれの問いの答えとして最も適切なものを，選択肢のうちから選びなさい。**1回流します。**

問1 女の子が弟（ユウスケ）について話をしています。話を聞き，その内容を表したイラスト ① 〜 ④ を，聞こえてくる順番に並べなさい。

16 → 17 → 18 → 19

①

②

③

④

第5回　英語（リスニング）

問2　あなたはドラッグストアで手伝いをしています。市販薬についての説明を聞き，下の表の四つの空欄 | 20 | ～ | 23 | にあてはめるのに最も適切なものを，五つの選択肢 (① ～ ⑤) のうちから一つずつ選びなさい。選択肢は2回以上使ってもかまいません。

①　7　　　　②　10　　　　③　14　　　　④　20　　　　⑤　28

Product	Bottle Size	Number of Pills
Stomachache	Small	20
	Large	
Cold	Small	21
	Large	
Pollen Allergy	Small	22
	Large	23

これで第4問 A は終わりです。

— 15 —

B 　第4問 **B** は問1の1問です。四人の説明を聞き，問いの答えとして最も適切なものを，選択肢のうちから選びなさい。メモを取るのに下の表を使ってもかまいません。**1回流します。**

状況

　あなたは海外旅行先で日本の友人へのおみやげのお菓子を選んでいます。おみやげを選ぶにあたり，あなたが考えている条件は以下の通りです。

条件

　A. 日本に持ち込める。

　B. 温度によって変質しない。

　C. 賞味期限が長い。

	A. Can be taken to Japan	B. Temperature Tolerant	C. Long Lasting
① California Cake			
② Columbia Candy			
③ Harvard Cookies			
④ Stanford Pie			

問1　現地の旅行ガイド四人がおみやげをおすすめするのを聞き，上の条件に最も合うおみやげを，四つの選択肢（①〜④）のうちから一つ選びなさい。

　　　24

① California Cake

② Columbia Candy

③ Harvard Cookies

④ Stanford Pie

これで第4問 B は終わりです。

— 16 —

第5回　英語（リスニング）

（下 書 き 用 紙）

リスニングの試験問題は次に続く。

第5問 （配点 20）

第5問は問1(a)～(c)と問2の2問です。講義を聞き，それぞれの問いの答えとして最も適切なものを，選択肢のうちから選びなさい。状況と問いを読む時間（約60秒）が与えられた後，音声が流れます。**1回流します。**

状況

あなたは国際交流セミナーで，日本の子どもたちの遊びと運動時間について，ワークシートにメモを取りながら，講義を聞いています。

ワークシート

○ **Decreasing time for playing outdoors in childhood**

Average time children spend outdoors 1981 → 2016 = Overall Change 25

○ **Causes of Declining Physical Activity in Children**

Items	Changes (①more or ②fewer)	Kinds of Problem (③controllable or ④uncontrollable) by parents
playgrounds	26	uncontrollable
complaints about noise	27	28
toys and games for indoors	29	30
after-class learning	more	31

— 18 —

第5回　英語（リスニング）

問1　(a)　ワークシートの空欄　25　にあてはめるのに最も適切なものを，六つの選択肢（①〜⑥）のうちから一つ選びなさい。

① an increase of 22 minutes　　② a decrease of 22 minutes

③ an increase of 38 minutes　　④ a decrease of 38 minutes

⑤ an increase of 60 minutes　　⑥ a decrease of 60 minutes

問1　(b)　ワークシートの表の空欄　26　〜　31　にあてはめるのに最も適切なものを，四つの選択肢（①〜④）のうちから一つずつ選びなさい。選択肢は2回以上使ってもかまいません。

① more　　　② fewer　　　③ controllable　④ uncontrollable

問1　(c)　講義の内容と一致するものはどれか。最も適切なものを，四つの選択肢（①〜④）のうちから一つ選びなさい。　32

① More students start to hate PE class when they reach middle school.

② Most social problems regarding children are controllable by parents.

③ Parents feel toys today are less attractive than the ones they used.

④ Parents used to play outside for as long as their children do today.

問2は次のページにあります。

— 19 —

問2　講義の続きを聞き，下の図から読み取れる情報と講義全体の内容から，どのようなことが言えるか，最も適切なものを，四つの選択肢(① 〜 ④)のうちから一つ選びなさい。 33

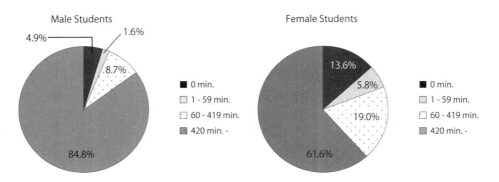

① Frequent outdoor activity doesn't always produce physically active students.
② Nearly 30% of male students are extremely physically inactive.
③ Physically active pupils will remain active in middle school.
④ Some middle school students spend hardly any time doing exercise.

これで第5問は終わりです。

第5回　英語（リスニング）

（下 書 き 用 紙）

リスニングの試験問題は次に続く。

第6問 （配点 16）

第6問は **A** と **B** の二つの部分に分かれています。

A 　第6問 **A** は問1・問2の2問です。二人の対話を聞き，それぞれの問いの答えとして最も適切なものを，四つの選択肢(**①**〜**④**)のうちから一つずつ選びなさい。（問いの英文は書かれています。）<u>1回流します。</u>

状況
　二人の大学生が，コンビニエンス・ストアの食品について話をしています。

問1　**What is Yukiko's main point?** 　34

① Convenience store foods are much cheaper than homemade meals.
② Convenience store foods are useful when you want to lose weight.
③ Using convenience store foods saves you a lot of time and effort.
④ Using ready-made food products helps you learn how to cook.

問2　**What is Thomas's main point?** 　35

① Convenience store foods are not economical.
② Convenience store foods are seriously unhealthy.
③ Convenience store foods are surprisingly delicious.
④ Convenience store foods do not taste good.

これで第6問 A は終わりです。

－ 22 －

第5回　英語（リスニング）

（下 書 き 用 紙）

リスニングの試験問題は次に続く。

— 23 —

B 　第6問 **B** は問1・問2の2問です。英語を聞き，それぞれの問いの答えとして最も適切なものを，選択肢のうちから選びなさい。**1回流します。**

状況

社会学のセミナーで，Steve が日本のコンビニエンス・ストアについて発表をした後，学生たちが議論をしています。Ms. Yamaguchi（先生）が司会を務め，二人の学生 Reiko と Kenji が発言します。

問1　四人のうち，コンビニエンス・ストアの食品を頻繁に食べる**すべての人**を正しく示すものを，六つの選択肢（① ～ ⑥）のうちから一つ選びなさい。

　　　36

① Ms. Yamaguchi

② Steve

③ Ms. Yamaguchi and Reiko

④ Steve and Kenji

⑤ Ms. Yamaguchi, Reiko and Kenji

⑥ Steve, Reiko and Kenji

— 24 —

第5回　英語（リスニング）

問2　Kenji の意見を支持する図を，四つの選択肢（① ～ ④）のうちから一つ選びなさい。 37

①

Calcrie Intake

1990　2010　2020

②

Main Nutrients

other
carbohydrates
minerals
protein
vitamins

③

Number of Environmentally Conscious
Convenience Store Chains

2012

2015

2018

④

Top 3 Convenience Store Chains

1	Big Anderson	20,988
2	Friendly Six	16,426
3	Ten Mart	14,425

これで第6問 B は終わりです。

— 25 —

駿台文庫の共通テスト対策

過去問演習から本番直前総仕上げまで駿台文庫が共通テスト対策を強力サポート

2022共通テスト対策 過去問題集

科目 <全12点>
- 英語[CD付]
- 数学Ⅰ・A／Ⅱ・B
- 国語
- 理科基礎
- 物理
- 化学
- 生物
- 日本史B
- 世界史B
- 地理B
- 現代社会
- 倫理／政治・経済／倫理，政治・経済

B5判／税込 各1,100円

- 2021年度共通テスト、試行調査等の問題を徹底攻略。
- 本番をイメージしたマークシート解答用紙付。
- 解答・解説は使いやすい別冊挿み込み。
- 「理科基礎」は「物理基礎」、「化学基礎」、「生物基礎」、「地学基礎」を収録。
※画像は2021年度版を利用し作成したイメージになります。

2022共通テスト対策 実戦問題集

科目 <全19点>
- 英語リーディング
- 英語リスニング[CD付]
- 数学Ⅰ・A
- 数学Ⅱ・B
- 国語
- 物理基礎
- 物理
- 化学基礎
- 化学
- 生物基礎
- 生物
- 地学基礎
- 世界史B
- 日本史B
- 地理B
- 現代社会
- 倫理
- 政治・経済
- 倫理,政治・経済

B5判／税込 各1,210円
※物理基礎・化学基礎・生物基礎・地学基礎は税込各880円

- 駿台講師陣が総力をあげて作成。
- 本番をイメージしたマークシート解答用紙付。
- 詳細な解答・解説は使いやすい別冊挿み込み。
- 仕上げは、「直前チェック総整理」で弱点補強。
- 「英語リスニング」はCD3枚付。
- 「現代社会」は『政治・経済』『倫理，政治・経済』の一部と重複しています。
※画像は2021年度版を利用し作成したイメージになります。

2022共通テスト 実戦パッケージ問題『青パック』

6教科全19点各1回分を、1パックに収録。

収録科目
- 英語リーディング
- 英語リスニング[CD付]
- 数学Ⅰ・A
- 数学Ⅱ・B
- 国語
- 物理基礎
- 物理
- 化学基礎
- 化学
- 生物基礎
- 生物
- 地学基礎
- 世界史B
- 日本史B
- 地理B
- 現代社会
- 倫理
- 政治・経済
- 倫理,政治・経済

B5判／箱入り 税込1,430円

- 共通テストの予想新作問題。
- リスニングCD付。
- リスニング音声はQRコードでダウンロードにも対応。
- マークシート解答用紙・自己採点報告用紙付。
- わかりやすい詳細な解答・解説。
※画像は2021年度版を利用し作成したイメージになります。

【短期攻略共通テスト対策シリーズ】

共通テスト対策の短期完成型問題集。
1ヵ月で完全攻略。　※年度版ではありません。

●英語リーディング	霜康司監修	1,210円
●英語リスニング(CD付)	刀祢雅彦編著	1,320円
●数学Ⅰ・A基礎編	吉川浩之・榎明夫共著	1,100円
●数学Ⅱ・B基礎編	吉川浩之・榎明夫共著	1,100円
●数学Ⅰ・A実戦編	榎明夫・吉川浩之共著	880円
●数学Ⅱ・B実戦編	榎明夫・吉川浩之共著	880円
●現代文	奥村・松本・小坂共著	1,100円
●古文	菅野三恵・柳田縁共著	935円
●漢文	久我昌則・水野正明共著	935円
●物理基礎	溝口真己著	935円
●物理	溝口真己著	1,100円
●化学基礎	三門恒雄著	770円
●化学	三門恒雄著	1,100円
●生物基礎	佐野(恵)・布施・佐野(芳)・指田・橋本共著	880円
●生物	佐野(恵)・布施・佐野(芳)・指田・橋本共著	1,100円
●地学基礎	小野雄一著	1,045円
●地学	小野雄一著	1,320円
●日本史B	福井紳一著	1,100円
●世界史B	川西・今西・小林共著	1,100円
●地理B	阿部恵伯・大久保史子共著	1,100円
●現代社会	清水雅博著	1,155円
●政治・経済	清水雅博著	1,155円

A5判／税込価格は、上記の通りです。

駿台文庫株式会社

〒101-0062 東京都千代田区神田駿河台1-7-4　小畑ビル6階
TEL 03-5259-3301　FAX 03-5259-3006

https://www.sundaibunko.jp

駿台文庫のお薦め書籍

多くの受験生を合格へと導き，先輩から後輩へと受け継がれている駿台文庫の名著の数々。

システム英単語〈5訂版〉
システム英単語Basic〈5訂版〉
霜 康司・刀祢雅彦 共著
システム英単語 B6判 税込1,100円
システム英単語Basic B6判 税込1,100円

厳選30題で学ぶ！ NEW
英文 要旨要約トレーニング
竹岡広信 著　A5判　税込1,100円

英語 ドリルシリーズ
英作文基礎10題ドリル	竹岡広信 著	B5判	税込990円
英文法入門10題ドリル	田中健一 著	B5判	税込913円
英文法基礎10題ドリル	田中健一 著	B5判	税込990円
英文読解入門10題ドリル NEW	田中健一 著	B5判	税込935円

国語 ドリルシリーズ
現代文読解基礎ドリル	池尻俊也 著	B5判	税込935円
古典文法10題ドリル〈古文基礎編〉	菅野三恵 著	B5判	税込935円
古典文法10題ドリル〈古文実戦編〉〈改訂版〉	菅野三恵・下司賢治・下屋敷雅暁 共著	B5判	税込935円
古典文法10題ドリル〈漢文編〉	斉藤宣行・三宅崇広 共著	B5判	税込880円
漢字・語彙力ドリル	霜 栄 著	B5判	税込1,023円

生きる シリーズ
霜 栄 著
生きる漢字・語彙力〈三訂版〉 B5判 税込1,023円
生きる現代文キーワード〈増補改訂版〉 B5判 税込1,023円
共通テスト対応 生きる現代文 随筆・小説語句 B5判 税込770円

日々古文シリーズ
日々古文単語帳365
宇野陽美・下司賢治・下屋敷雅暁 共著　B6判　税込990円
日々古文常識　入試問題を解くための27テーマ
二宮加美・岩名紀彦 共著　B6判　税込880円

国公立標準問題集CanPass(キャンパス)シリーズ
英語	山口玲児・高橋康弘 共著	A5判	税込990円
数学I・A・II・B〈改訂版〉	桑畑信泰・古梶裕之 共著	A5判	税込1,210円
数学III〈改訂版〉	桑畑信泰・古梶裕之 共著	A5判	税込1,100円
現代文	清水正史・多田圭太朗 共著	A5判	税込990円
古典	白鳥永興・福田忍 共著	A5判	税込924円
物理基礎+物理	溝口真己・椎名泰司 共著	A5判	税込1,210円
化学基礎+化学	犬塚壮志 著	A5判	税込1,210円
生物基礎+生物	波多野善崇 著	A5判	税込1,210円

東大入試詳解シリーズ〈第2版〉
25年 英語　　25年 現代文　25年 化学　25年 世界史
20年 英語リスニング　25年 古典　25年 生物　25年 地理
25年 数学〈文科〉　20年 物理・上　25年 日本史
25年 数学〈理科〉　20年 物理・下
A5判(物理のみB5判)　全て税込2,530円

京大入試詳解シリーズ
25年 英語　　　　25年 現代文　25年 化学
25年 数学〈文系〉　25年 古典　　17年 日本史
25年 数学〈理系〉　25年 物理　　17年 世界史
A5判　全て税込2,530円

2022- 駿台
大学入試完全対策シリーズ
大学・学部別

A5判／税込2,420〜5,900円

2022- 駿台
大学入試完全対策シリーズ
実戦模試演習

B5判／税込1,430〜2,310円

【国立】
- 北海道大学〈文系〉 前期
- 北海道大学〈理系〉 前期
- 東北大学〈文系〉 前期
- 東北大学〈理系〉 前期
- 東京大学〈文科〉 前期 上[CD付]
- 東京大学〈文科〉 前期 下
- 東京大学〈理科〉 前期 上[CD付]
- 東京大学〈理科〉 前期 下
- 一橋大学　前期 [CD付]
- 東京工業大学　前期
- 名古屋大学〈文系〉 前期
- 名古屋大学〈理系〉 前期
- 京都大学〈文系〉 前期
- 京都大学〈理系〉 前期
- 大阪大学〈文系〉 前期
- 大阪大学〈理系〉 前期
- 神戸大学〈文系〉 前期
- 神戸大学〈理系〉 前期
- 九州大学〈文系〉 前期
- 九州大学〈理系〉 前期

【私立】
- 早稲田大学　法学部
- 早稲田大学　文化構想学部
- 早稲田大学　文学部
- 早稲田大学　教育学部-文系
- 早稲田大学　商学部
- 早稲田大学　社会科学部
- 早稲田大学　基幹・創造・先進理工学部
- 慶應義塾大学　法学部
- 慶應義塾大学　経済学部
- 慶應義塾大学　理工学部
- 慶應義塾大学　医学部

- 東京大学への英語[CD付]
- 東京大学への数学
- 東京大学への国語
- 東京大学への理科(物理・化学・生物)
- 東京大学への地理歴史
　(世界史B・日本史B・地理B)
- 一橋大学への英語[CD付]
- 一橋大学への数学
- 一橋大学への国語
- 一橋大学への地理歴史
　(世界史B・日本史B・地理B)

※画像は2021年度版を使用しています。

- 東京工業大学への英語
- 東京工業大学への数学
- 東京工業大学への理科(物理・化学)
- 京都大学への英語
- 京都大学への数学
- 京都大学への国語
- 京都大学への理科(物理・化学・生物)
- 京都大学への地理歴史
　(世界史B・日本史B・地理B)
- 大阪大学への英語[CD付]
- 大阪大学への数学
- 大阪大学への国語
- 大阪大学への理科(物理・化学・生物)

駿台文庫株式会社
〒101-0062 東京都千代田区神田駿河台1-7-4　小畑ビル6階
TEL 03-5259-3301　FAX 03-5259-3006
https://www.sundaibunko.jp

2022−駿台　大学入試完全対策シリーズ
大学入学共通テスト実戦問題集　英語リスニング

2021 年 7 月 21 日　2022 年版発行

編　　者	駿　台　文　庫
発　行　者	山　﨑　良　子
印刷・製本	日経印刷株式会社

発　行　所　　駿台文庫株式会社
〒 101-0062　東京都千代田区神田駿河台 1-7-4
　　　　　　　　　　　　　　小畑ビル内
　　　　　　TEL. 編集 03（5259）3302
　　　　　　　　　販売 03（5259）3301
　　　　《共通テスト実戦・英語リスニング 304pp.》

ⓒ Sundaibunko 2021
落丁・乱丁がございましたら，送料小社負担にて
お取り替えいたします。
ISBN978-4-7961-6387-3　Printed in Japan

駿台文庫 Web サイト
https://www.sundaibunko.jp

英語（リスニング） 解答用紙

注意事項

1 訂正は、消しゴムできれいに消し、消しくずを残してはいけません。
2 所定欄以外にはマークしたり、記入したりしてはいけません。
3 汚したり、折りまげたりしてはいけません。

解答番号	1	2	3	4	5	6
21	①	②	③	④	⑤	⑥
22	①	②	③	④	⑤	⑥
23	①	②	③	④	⑤	⑥
24	①	②	③	④	⑤	⑥
25	①	②	③	④	⑤	⑥
26	①	②	③	④	⑤	⑥
27	①	②	③	④	⑤	⑥
28	①	②	③	④	⑤	⑥
29	①	②	③	④	⑤	⑥
30	①	②	③	④	⑤	⑥
31	①	②	③	④	⑤	⑥
32	①	②	③	④	⑤	⑥
33	①	②	③	④	⑤	⑥
34	①	②	③	④	⑤	⑥
35	①	②	③	④	⑤	⑥
36	①	②	③	④	⑤	⑥
37	①	②	③	④	⑤	⑥

解答番号	1	2	3	4	5	6
1	①	②	③	④	⑤	⑥
2	①	②	③	④	⑤	⑥
3	①	②	③	④	⑤	⑥
4	①	②	③	④	⑤	⑥
5	①	②	③	④	⑤	⑥
6	①	②	③	④	⑤	⑥
7	①	②	③	④	⑤	⑥
8	①	②	③	④	⑤	⑥
9	①	②	③	④	⑤	⑥
10	①	②	③	④	⑤	⑥
11	①	②	③	④	⑤	⑥
12	①	②	③	④	⑤	⑥
13	①	②	③	④	⑤	⑥
14	①	②	③	④	⑤	⑥
15	①	②	③	④	⑤	⑥
16	①	②	③	④	⑤	⑥
17	①	②	③	④	⑤	⑥
18	①	②	③	④	⑤	⑥
19	①	②	③	④	⑤	⑥
20	①	②	③	④	⑤	⑥

① 受験番号を記入し、そのマーク欄にマークしなさい。

② 氏名・フリガナ、試験場コードを記入しなさい。

駿 台 文 庫

英語（リスニング）解答用紙

英語（リスニング）　解答用紙

注意事項

1 訂正は，消しゴムできれいに消し，消しくずを残してはいけません。
2 所定欄以外にはマークしたり，記入したりしてはいけません。
3 汚したり，折り曲げたりしてはいけません。

解答欄（解答番号 1〜20）

解答番号	1	2	3	4	5	6
1	①	②	③	④	⑤	⑥
2	①	②	③	④	⑤	⑥
3	①	②	③	④	⑤	⑥
4	①	②	③	④	⑤	⑥
5	①	②	③	④	⑤	⑥
6	①	②	③	④	⑤	⑥
7	①	②	③	④	⑤	⑥
8	①	②	③	④	⑤	⑥
9	①	②	③	④	⑤	⑥
10	①	②	③	④	⑤	⑥
11	①	②	③	④	⑤	⑥
12	①	②	③	④	⑤	⑥
13	①	②	③	④	⑤	⑥
14	①	②	③	④	⑤	⑥
15	①	②	③	④	⑤	⑥
16	①	②	③	④	⑤	⑥
17	①	②	③	④	⑤	⑥
18	①	②	③	④	⑤	⑥
19	①	②	③	④	⑤	⑥
20	①	②	③	④	⑤	⑥

解答欄（解答番号 21〜37）

解答番号	1	2	3	4	5	6
21	①	②	③	④	⑤	⑥
22	①	②	③	④	⑤	⑥
23	①	②	③	④	⑤	⑥
24	①	②	③	④	⑤	⑥
25	①	②	③	④	⑤	⑥
26	①	②	③	④	⑤	⑥
27	①	②	③	④	⑤	⑥
28	①	②	③	④	⑤	⑥
29	①	②	③	④	⑤	⑥
30	①	②	③	④	⑤	⑥
31	①	②	③	④	⑤	⑥
32	①	②	③	④	⑤	⑥
33	①	②	③	④	⑤	⑥
34	①	②	③	④	⑤	⑥
35	①	②	③	④	⑤	⑥
36	①	②	③	④	⑤	⑥
37	①	②	③	④	⑤	⑥

マーク例

良い例	悪い例
●	⊗ ⊙ ◓

① 受験番号を記入し，その下のマーク欄にマークしなさい。

受験番号欄

千位	百位	十位	一位	英字
—	⓪	⓪	⓪	Ⓐ
①	①	①	①	Ⓑ
②	②	②	②	Ⓒ
③	③	③	③	Ⓗ
④	④	④	④	Ⓚ
⑤	⑤	⑤	⑤	Ⓜ
⑥	⑥	⑥	⑥	Ⓡ
⑦	⑦	⑦	⑦	Ⓤ
⑧	⑧	⑧	⑧	Ⓧ
⑨	⑨	⑨	⑨	Ⓨ
—	—	—	—	Ⓩ

受験番号マーク
チェック欄

② 氏名・フリガナ，試験場コードを記入しなさい。

フリガナ	
氏　名	

試験場コード	十万位	万位	千位	百位	十位	一位

氏　名
チェック欄

駿　台　文　庫

英語（リスニング）解答用紙

マーク例
良い例：●
悪い例：⊙ ⊗ ○

① 受験番号を記入し、その下のマーク欄にマークしなさい。

受験番号欄				
千位	百位	十位	一位	英字

② 氏名・フリガナ、試験場コードを記入しなさい。

フリガナ					
氏名					
試験場コード	十万位	万位	千位	百位	十位	一位

注意事項
1 訂正は、消しゴムできれいに消し、消しくずを残してはいけません。
2 所定欄以外にはマークしたり、記入したりしてはいけません。
3 汚したり、折りまげたりしてはいけません。

解答番号	解答欄 1 2 3 4 5 6
1	① ② ③ ④ ⑤ ⑥
2	① ② ③ ④ ⑤ ⑥
3	① ② ③ ④ ⑤ ⑥
4	① ② ③ ④ ⑤ ⑥
5	① ② ③ ④ ⑤ ⑥
6	① ② ③ ④ ⑤ ⑥
7	① ② ③ ④ ⑤ ⑥
8	① ② ③ ④ ⑤ ⑥
9	① ② ③ ④ ⑤ ⑥
10	① ② ③ ④ ⑤ ⑥
11	① ② ③ ④ ⑤ ⑥
12	① ② ③ ④ ⑤ ⑥
13	① ② ③ ④ ⑤ ⑥
14	① ② ③ ④ ⑤ ⑥
15	① ② ③ ④ ⑤ ⑥
16	① ② ③ ④ ⑤ ⑥
17	① ② ③ ④ ⑤ ⑥
18	① ② ③ ④ ⑤ ⑥
19	① ② ③ ④ ⑤ ⑥
20	① ② ③ ④ ⑤ ⑥

解答番号	解答欄 1 2 3 4 5 6
21	① ② ③ ④ ⑤ ⑥
22	① ② ③ ④ ⑤ ⑥
23	① ② ③ ④ ⑤ ⑥
24	① ② ③ ④ ⑤ ⑥
25	① ② ③ ④ ⑤ ⑥
26	① ② ③ ④ ⑤ ⑥
27	① ② ③ ④ ⑤ ⑥
28	① ② ③ ④ ⑤ ⑥
29	① ② ③ ④ ⑤ ⑥
30	① ② ③ ④ ⑤ ⑥
31	① ② ③ ④ ⑤ ⑥
32	① ② ③ ④ ⑤ ⑥
33	① ② ③ ④ ⑤ ⑥
34	① ② ③ ④ ⑤ ⑥
35	① ② ③ ④ ⑤ ⑥
36	① ② ③ ④ ⑤ ⑥
37	① ② ③ ④ ⑤ ⑥

駿台文庫

英語（リスニング）解答用紙

注意事項

1 訂正は，消しゴムできれいに消し，消しくずを残してはいけません。
2 所定欄以外にはマークしたり，記入したりしてはいけません。
3 汚したり，折りまげたりしてはいけません。

マーク例

良い例	悪い例
●	⊘ ⊗ ◑ ○

① 受験番号を記入し，その下のマーク欄にマークしなさい。

受験番号欄				
	千位	百位	十位	一位	英字
	－	⓪	⓪	⓪	Ⓐ
	①	①	①	①	Ⓑ
	②	②	②	②	Ⓒ
	③	③	③	③	Ⓗ
	④	④	④	④	Ⓚ
	⑤	⑤	⑤	⑤	Ⓜ
	⑥	⑥	⑥	⑥	Ⓡ
	⑦	⑦	⑦	⑦	Ⓤ
	⑧	⑧	⑧	⑧	Ⓧ
	⑨	⑨	⑨	⑨	Ⓨ
	－	－	－	－	Ⓩ

受験番号マークチェック欄

② 氏名・フリガナ，試験場コードを記入しなさい。

フリガナ	
氏　名	

試験場コード	十万位	万位	千位	百位	十位	一位

氏名等チェック欄

駿 合 文 庫

解答欄（解答番号 1〜20）

解答番号	解　　答　　欄
	1 2 3 4 5 6
1	① ② ③ ④ ⑤ ⑥
2	① ② ③ ④ ⑤ ⑥
3	① ② ③ ④ ⑤ ⑥
4	① ② ③ ④ ⑤ ⑥
5	① ② ③ ④ ⑤ ⑥
6	① ② ③ ④ ⑤ ⑥
7	① ② ③ ④ ⑤ ⑥
8	① ② ③ ④ ⑤ ⑥
9	① ② ③ ④ ⑤ ⑥
10	① ② ③ ④ ⑤ ⑥
11	① ② ③ ④ ⑤ ⑥
12	① ② ③ ④ ⑤ ⑥
13	① ② ③ ④ ⑤ ⑥
14	① ② ③ ④ ⑤ ⑥
15	① ② ③ ④ ⑤ ⑥
16	① ② ③ ④ ⑤ ⑥
17	① ② ③ ④ ⑤ ⑥
18	① ② ③ ④ ⑤ ⑥
19	① ② ③ ④ ⑤ ⑥
20	① ② ③ ④ ⑤ ⑥

解答欄（解答番号 21〜37）

解答番号	解　　答　　欄
	1 2 3 4 5 6
21	① ② ③ ④ ⑤ ⑥
22	① ② ③ ④ ⑤ ⑥
23	① ② ③ ④ ⑤ ⑥
24	① ② ③ ④ ⑤ ⑥
25	① ② ③ ④ ⑤ ⑥
26	① ② ③ ④ ⑤ ⑥
27	① ② ③ ④ ⑤ ⑥
28	① ② ③ ④ ⑤ ⑥
29	① ② ③ ④ ⑤ ⑥
30	① ② ③ ④ ⑤ ⑥
31	① ② ③ ④ ⑤ ⑥
32	① ② ③ ④ ⑤ ⑥
33	① ② ③ ④ ⑤ ⑥
34	① ② ③ ④ ⑤ ⑥
35	① ② ③ ④ ⑤ ⑥
36	① ② ③ ④ ⑤ ⑥
37	① ② ③ ④ ⑤ ⑥

英語（リスニング）解答用紙

マーク例

良い例	悪い例
●	○ ⊗ ◐ ◯

① 受験番号を記入し、その下のマーク欄にマークしなさい。

受験番号マークチェック欄

受験番号欄

千位	百位	十位	一位	英字
―	―	―	―	Ⓐ
①	①	①	①	Ⓑ
②	②	②	②	Ⓒ
③	③	③	③	Ⓗ
④	④	④	④	Ⓚ
⑤	⑤	⑤	⑤	Ⓜ
⑥	⑥	⑥	⑥	Ⓡ
⑦	⑦	⑦	⑦	Ⓤ
⑧	⑧	⑧	⑧	Ⓧ
⑨	⑨	⑨	⑨	Ⓨ
	⓪	⓪	⓪	Ⓩ

② 氏名・フリガナ、試験場コードを記入しなさい。

氏名等チェック欄

フリガナ	
氏 名	

氏名・フリガナ、試験場コードを記入しなさい。

試験場コード					
十万位	万位	千位	百位	十位	一位

駿台文庫

注意事項

1 訂正は、消しゴムできれいに消し、消しくずを残してはいけません。

2 所定欄以外にはマークしたり、記入したりしてはいけません。

3 汚したり、折りまげたりしてはいけません。

解答番号	解答欄 1 2 3 4 5 6
1	① ② ③ ④ ⑤ ⑥
2	① ② ③ ④ ⑤ ⑥
3	① ② ③ ④ ⑤ ⑥
4	① ② ③ ④ ⑤ ⑥
5	① ② ③ ④ ⑤ ⑥
6	① ② ③ ④ ⑤ ⑥
7	① ② ③ ④ ⑤ ⑥
8	① ② ③ ④ ⑤ ⑥
9	① ② ③ ④ ⑤ ⑥
10	① ② ③ ④ ⑤ ⑥
11	① ② ③ ④ ⑤ ⑥
12	① ② ③ ④ ⑤ ⑥
13	① ② ③ ④ ⑤ ⑥
14	① ② ③ ④ ⑤ ⑥
15	① ② ③ ④ ⑤ ⑥
16	① ② ③ ④ ⑤ ⑥
17	① ② ③ ④ ⑤ ⑥
18	① ② ③ ④ ⑤ ⑥
19	① ② ③ ④ ⑤ ⑥
20	① ② ③ ④ ⑤ ⑥

解答番号	解答欄 1 2 3 4 5 6
21	① ② ③ ④ ⑤ ⑥
22	① ② ③ ④ ⑤ ⑥
23	① ② ③ ④ ⑤ ⑥
24	① ② ③ ④ ⑤ ⑥
25	① ② ③ ④ ⑤ ⑥
26	① ② ③ ④ ⑤ ⑥
27	① ② ③ ④ ⑤ ⑥
28	① ② ③ ④ ⑤ ⑥
29	① ② ③ ④ ⑤ ⑥
30	① ② ③ ④ ⑤ ⑥
31	① ② ③ ④ ⑤ ⑥
32	① ② ③ ④ ⑤ ⑥
33	① ② ③ ④ ⑤ ⑥
34	① ② ③ ④ ⑤ ⑥
35	① ② ③ ④ ⑤ ⑥
36	① ② ③ ④ ⑤ ⑥
37	① ② ③ ④ ⑤ ⑥

英語（リスニング）　解答用紙

注意事項

1 訂正は，消しゴムできれいに消し，消しくずを残してはいけません。

2 所定欄以外にはマークしたり，記入したりしてはいけません。

3 汚したり，折りまげたりしてはいけません。

マーク例

良い例	悪い例
●	⊗ ◒ ○ ⊙

① 受験番号を記入し，その下のマーク欄にマークしなさい。

受験番号欄

受験番号欄				
千位	百位	十位	一位	英字
―	⓪	⓪	⓪	Ⓐ
①	①	①	①	Ⓑ
②	②	②	②	Ⓒ
③	③	③	③	Ⓗ
④	④	④	④	Ⓚ
⑤	⑤	⑤	⑤	Ⓜ
⑥	⑥	⑥	⑥	Ⓡ
⑦	⑦	⑦	⑦	Ⓤ
⑧	⑧	⑧	⑧	Ⓧ
⑨	⑨	⑨	⑨	Ⓨ
―	―	―	―	Ⓩ

受験番号マークチェック欄

② 氏名・フリガナ，試験場コードを記入しなさい。

フリガナ	
氏　名	

試験場コード						
十万位	万位	千位	百位	十位	一位	

氏名等チェック欄

駿　台　文　庫

解答欄（解答番号 1〜20）

解答番号	解 答 欄
	1 2 3 4 5 6
1	① ② ③ ④ ⑤ ⑥
2	① ② ③ ④ ⑤ ⑥
3	① ② ③ ④ ⑤ ⑥
4	① ② ③ ④ ⑤ ⑥
5	① ② ③ ④ ⑤ ⑥
6	① ② ③ ④ ⑤ ⑥
7	① ② ③ ④ ⑤ ⑥
8	① ② ③ ④ ⑤ ⑥
9	① ② ③ ④ ⑤ ⑥
10	① ② ③ ④ ⑤ ⑥
11	① ② ③ ④ ⑤ ⑥
12	① ② ③ ④ ⑤ ⑥
13	① ② ③ ④ ⑤ ⑥
14	① ② ③ ④ ⑤ ⑥
15	① ② ③ ④ ⑤ ⑥
16	① ② ③ ④ ⑤ ⑥
17	① ② ③ ④ ⑤ ⑥
18	① ② ③ ④ ⑤ ⑥
19	① ② ③ ④ ⑤ ⑥
20	① ② ③ ④ ⑤ ⑥

解答欄（解答番号 21〜37）

解答番号	解 答 欄
	1 2 3 4 5 6
21	① ② ③ ④ ⑤ ⑥
22	① ② ③ ④ ⑤ ⑥
23	① ② ③ ④ ⑤ ⑥
24	① ② ③ ④ ⑤ ⑥
25	① ② ③ ④ ⑤ ⑥
26	① ② ③ ④ ⑤ ⑥
27	① ② ③ ④ ⑤ ⑥
28	① ② ③ ④ ⑤ ⑥
29	① ② ③ ④ ⑤ ⑥
30	① ② ③ ④ ⑤ ⑥
31	① ② ③ ④ ⑤ ⑥
32	① ② ③ ④ ⑤ ⑥
33	① ② ③ ④ ⑤ ⑥
34	① ② ③ ④ ⑤ ⑥
35	① ② ③ ④ ⑤ ⑥
36	① ② ③ ④ ⑤ ⑥
37	① ② ③ ④ ⑤ ⑥

英語（リスニング）解答用紙

駿台文庫

注意事項

1. 訂正は，消しゴムできれいに消し，消しくずを残してはいけません。

2. 所定欄以外にはマークしたり，記入したりしてはいけません。

3. 汚したり，折りまげたりしてはいけません。

マーク例

良い例	悪い例
●	⊗ ⊘ ◯

① 受験番号を記入し，その下のマーク欄にマークしなさい。

受験番号欄

千位	百位	十位	一位	英字
—	—	—	—	—
	⓪	⓪	⓪	Ⓐ
①	①	①	①	Ⓑ
②	②	②	②	Ⓒ
③	③	③	③	Ⓗ
④	④	④	④	Ⓚ
⑤	⑤	⑤	⑤	Ⓜ
⑥	⑥	⑥	⑥	Ⓡ
⑦	⑦	⑦	⑦	Ⓤ
⑧	⑧	⑧	⑧	Ⓧ
⑨	⑨	⑨	⑨	Ⓨ
				Ⓩ

受験番号マークチェック欄

② 氏名・フリガナ，試験場コードを記入しなさい。

フリガナ	
氏 名	

氏名・フリガナ，試験場コードを記入しなさい。

試験場コード	十万位	万位	千位	百位	十位	一位

氏名・フリガナチェック欄

解答欄

解答番号	1	2	3	4	5	6
1	①	②	③	④	⑤	⑥
2	①	②	③	④	⑤	⑥
3	①	②	③	④	⑤	⑥
4	①	②	③	④	⑤	⑥
5	①	②	③	④	⑤	⑥
6	①	②	③	④	⑤	⑥
7	①	②	③	④	⑤	⑥
8	①	②	③	④	⑤	⑥
9	①	②	③	④	⑤	⑥
10	①	②	③	④	⑤	⑥
11	①	②	③	④	⑤	⑥
12	①	②	③	④	⑤	⑥
13	①	②	③	④	⑤	⑥
14	①	②	③	④	⑤	⑥
15	①	②	③	④	⑤	⑥
16	①	②	③	④	⑤	⑥
17	①	②	③	④	⑤	⑥
18	①	②	③	④	⑤	⑥
19	①	②	③	④	⑤	⑥
20	①	②	③	④	⑤	⑥

解答番号	1	2	3	4	5	6
21	①	②	③	④	⑤	⑥
22	①	②	③	④	⑤	⑥
23	①	②	③	④	⑤	⑥
24	①	②	③	④	⑤	⑥
25	①	②	③	④	⑤	⑥
26	①	②	③	④	⑤	⑥
27	①	②	③	④	⑤	⑥
28	①	②	③	④	⑤	⑥
29	①	②	③	④	⑤	⑥
30	①	②	③	④	⑤	⑥
31	①	②	③	④	⑤	⑥
32	①	②	③	④	⑤	⑥
33	①	②	③	④	⑤	⑥
34	①	②	③	④	⑤	⑥
35	①	②	③	④	⑤	⑥
36	①	②	③	④	⑤	⑥
37	①	②	③	④	⑤	⑥

大学入試完全対策シリーズ —————— 駿台

2022 大学入学共通テスト
実戦問題集

英語リスニング
【解答・解説編】

駿台文庫編

第1回 解答・解説

第 1 回　　実戦問題　解答・解説

☆下記の表は，次ページより始まる「解答・解説」の中で用いた記号・略語の一覧表です。

S	主語または主部（Subject）	－	動詞の原形
S′	意味上の主語	to －	to 不定詞
V	動詞（Verb）	-ing	現在分詞または動名詞
O	目的語（Object）	p.p.	過去分詞
C	補語（Complement）	[　]	置換可能な語句
M	修飾語句（Modifier）	（　）	省略可能な語句
名動副, etc.	名詞, 動詞, 副詞, etc.	〈　〉	つながりのある語句

英語(リスニング) 第1回 （100点満点）

（解答・配点）

問題番号（配点）	設問		解答番号	正解	配点	自己採点欄
第1問（25）	A	1	1	④	4	
		2	2	①	4	
		3	3	③	4	
		4	4	③	4	
	B	5	5	②	3	
		6	6	①	3	
		7	7	③	3	
小　計						
第2問（16）		8	8	④	4	
		9	9	④	4	
		10	10	③	4	
		11	11	①	4	
小　計						
第3問（18）		12	12	②	3	
		13	13	①	3	
		14	14	②	3	
		15	15	④	3	
		16	16	③	3	
		17	17	④	3	
小　計						

（注）　＊は，全部正解の場合のみ点を与える。

問題番号（配点）	設問		解答番号	正解	配点	自己採点欄
第4問（12）	A	18	18	④	4*	
		19	19	③		
		20	20	①		
		21	21	②		
		22	22	①	1	
		23	23	②	1	
		24	24	④	1	
		25	25	⑤	1	
	B	26	26	②	4	
小　計						
第5問（15）		27	27	④	3	
		28	28	②	2*	
		29	29	④		
		30	30	①	2*	
		31	31	④		
		32	32	④	4	
		33	33	①	4	
小　計						
第6問（14）	A	34	34	③	3	
		35	35	①	3	
	B	36	36	③	4	
		37	37	④	4	
小　計						
合　計						

－英L2－

第1問

解　答

| A | 問1 − ④ | 問2 − ① | 問3 − ③ | 問4 − ③ | （各4点） |
| B | 問5 − ② | 問6 − ① | 問7 − ③ | | （各3点） |

出題のねらい

A　身の回りの事柄に関して平易な英語で話される短い発話を聞いて，「話者の言いたいこと」を把握する力を問う問題です。

出　典

Original Material

問1 ☐ 1 ☐ **正解** ④

放送内容

I've just left the store. I'm on my way home now.

全　訳

たった今，店を出たよ。今，帰っているところ。

① 話者は家にいる。
② 話者は店にいる。
③ 話者は店に向かっている。
④ **話者はまだ家に帰っていない。**

設 問 解 説

正解は **④**。

left（原形は leave）は「…を去る」という意味。また，have p.p. で「完了」なので，「すでに店を去った」ということになる。I'm on my way home は「私は家に帰る途中です」という意味なので，④ が正解。

主な語句・表現

◇ be on one's way home は「家に帰る途中である」という意味。home 以外の副詞や前置詞句を用いることも可能。**(例)** *(be) on one's way* to the station「駅に向かう途中（である）」

問2 ☐ 2 ☐ **正解** ①

放送内容

My teacher has asked us a tough question about this country. I wish I knew the answer.

全　訳

私の先生は私たちにこの国について難しい質問をしてきた。答えがわかればよいのになあ。

① **話者は答えを知らない。**
② 話者はその質問を気に入っていない。
③ 話者はその質問に答えたいとは思っていない。
④ 話者はその問題を簡単だと思っている。

設 問 解 説

正解は **①**。

I wish I knew the answer. は「答えがわかればよいのになあ」という意味。I wish の目的語となる that 節（wish の後ろに that が省略されている）は事実に反する内容となる。すなわち I knew は「実際には答えがわかっていない」ということを示している。よって ① が正解となる。

主な語句・表現

◇ tough「難しい」
◇ I wish (that) SV … における (that) SV … は「事実に反する」内容となる。wish が現在時

— 英L 3 —

制の場合，that 節内が現在の事実に反する願望である場合は，節内の動詞は過去形に，過去の事実に反する願望の場合は過去完了形を用いる。(**例**)*I wish* I *had* more money.（もっとお金を持っていればなあ）　*I wish* I *had bought* the concert ticket.（そのコンサートのチケットを買っておけばよかった）

問3　3　正解③

(放送内容)
Peter enjoyed visiting the temple, but he didn't have enough time to go to the park.

(全訳)
ピーターはそのお寺に行くことを楽しんだが，公園に行くための十分な時間はなかった。

① ピーターはどこにも行かなかった。
② ピーターは公園だけに行った。
③ **ピーターはお寺だけに行った。**
④ ピーターはお寺と公園に行った。

(設問解説)
正解は③。
　　enjoyed visiting the temple は「お寺に行くことを楽しんだ」という意味であり，要するに「お寺に行った」ということを示している。but 以下で「公園に行くために十分な時間がなかった」と述べているため，正解は③。

(主な語句・表現)
◇ enough〈名詞〉to – 「－するための十分な〈名詞〉」

問4　4　正解③

(放送内容)
I'm meeting Kate next Tuesday because we need to talk about our presentation.

(全訳)
プレゼンテーションについて話す必要があるので，来週の火曜日にケイトに会う予定です。

① 話者は火曜日にプレゼンテーションを行った。
② 話者はケイトと話したところだ。
③ **話者はこれからケイトと会う予定だ。**
④ 話者は今ケイトと一緒にいる。

(設問解説)
正解は③。
　　現在進行形で「近い未来の予定」を意味するので「来週ケイトに会う予定」だとわかる。よって③が正解。

(主な語句・表現)
◇ give a presentation「プレゼンテーションを行う」

— 英 L 4 —

出題のねらい　B　身の回りの事柄に関して平易な英語で話される短い発話を聞いて，それに対応するイラストを選ぶことを通じて，発話内容を把握する力を測るとともに，文法が生きた知識として身についているかどうかを問う問題です。

出典　*Original Material*

問5　5　正解 ②

放送内容　He didn't forget to close the window but he left the door open.

全訳　彼は窓を閉め忘れなかったが，ドアを開けっぱなしにした。

設問解説　正解は ②。

　forget to — は「—することを忘れる」という意味。また，leave A open は「A を開けっぱなしにする」という意味。よって「窓は閉めたが，ドアは閉めなかった」ということなので，② が正解。

問6　6　正解 ①

放送内容　There are a boy and a girl sitting between two old ladies on the bench.

全訳　男の子と女の子が，2人のお年寄りの女性の間に挟まれて，ベンチに座っている。

設問解説　正解は ①。

　There be S —ing は「Sが—している」という意味。よって，There are a boy and a girl sitting は「男の子と女の子が座っている」と解釈することになる。さらに，between two old ladies は「2人のお年寄りの女性の間に」という意味なので男の子と女の子がお年寄りの間に座っていることがわかる。よって ① が正解。

問7　7　正解 ③

放送内容
She should have brought a camera because there were many beautiful flowers in the park.

全訳
公園には多くの美しい花が咲いていたので，彼女はカメラを持って来るべきだった。

設問解説
正解は ③。
　should have p.p. は「…するべきだった」という意味で用いることができる。これは「実際にはしなかった」ことについて用いるため，彼女がカメラを持って来なかったことがわかる。さらに，because 以下で「多くの美しい花がある」とあるので，③ が正解。

第2問

解答 問8 — ④　　問9 — ④　　問10 — ③　　問11 — ①　　　　（各4点）

出題のねらい　身の回りの事柄に関して平易な英語で話されている短い対話を，場面の情報とイラストを参考にしながら聞いて，必要な情報を把握する力を問う問題です。

出典　*Original Material*

放送内容

問8　8　正解 ④

M：Look at that building! It looks like a hat placed upside down.
W：Yeah, and what's that up near the top floor?
M：I think it's supposed to be a ribbon.
W：Oh, I see. That's kind of cute.

Question：What does the building look like?

全訳

男性：あの建物を見て！　帽子を逆さまにしたみたい。
女性：そうね。それにあの最上階の近くにあるものは何？
男性：リボンのつもりだと思うよ。
女性：あぁ，なるほど。ちょっとかわいらしいわね。

質問：建物はどのように見えるか？

設問解説　正解は ④。

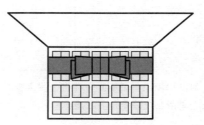

男性が「上下逆さまに置かれた帽子のようだ」と述べていることから，正解は ② か ④ に絞られる。また「最上階の近くにあるのはリボンのつもりらしい」とも述べられているので，正解は ④ に決まる。

主な語句・表現

◇ look like ...「…のように見える」
◇ placed upside down「逆さまに置かれた」　placed は過去分詞で直前の a hat を修飾している。upside down は「逆さまに」の意の副詞句で placed を修飾している。
◇ Yeah　Yes と同義。
◇ up near the top floor　up は「上に」の意。near the top floor は「最上階の近くに」の意。この文を直訳すれば「あの，上に，最上階の近くにあるものは何だ」となるが，仮に和訳を求められた場合は up near the top floor をまとめて「あの，上の最上階近くにあるものは何だ」などとすればよい。（例）He lives *here in Tokyo*.（彼はここに，東京に住んでいる。→ 彼はここ東京に住んでいる）
◇ be supposed to be ...「…と思われている；…ということになっている」（例）He *is*

supposed to be a liberal.（彼はリベラル派と見られている）
◇ I see.「わかった；なるほど」
◇ kind of ...「ちょっと…；なんだか…」の意の熟語の副詞句。（例）She looks *kind of* sad.（彼女，ちょっと悲しそうに見えるね）

問9　9　正解 ④

【放送内容】
M：Where shall I put this desk?
W：Put it in the corner, please.
M：Which corner do you mean?
W：The one farthest from the window.

Question：Where does the woman want the man to put the desk?

【全訳】
男性：この机はどこに置いたらいいかな？
女性：角に置いてくれるかしら。
男性：どの角のこと？
女性：窓から一番離れている角。

質問：この女性は男性にどこに机を置いてほしいのか？

【設問解説】
正解は ④。

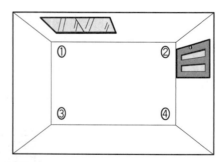

対話の場面の説明から「机の置き場所」を聞き取ればよいことがわかる。女性が「窓から一番離れている角」と述べていることから正解は ④ に決まる。

【主な語句・表現】
◇ shall I ... は「相手の意志」を尋ねるときに用いる表現。（例）*Shall I* make you a sandwich?（サンドイッチを作ってあげましょうか）　Where *shall I* meet you?（どこで会いましょうか）
◇ The one　one は corner を受ける代名詞。
◇ farthest 以下は後ろから the one を修飾している。farthest は far の最上級。

問10　10　正解 ③

【放送内容】
W：Don't you think it's rained a lot this year?
M：Well it rained a lot last month, but it hasn't rained that much this month.
W：Oh, really?
M：Probably you feel that way because it's been much cooler this month.

Question：Which of the following graphs is correct?

【全訳】
女性：今年はたくさん雨が降ったと思わない？
男性：まぁ先月はよく降ったけど，今月はあまり降ってないよ。
女性：えー，本当？
男性：たぶんそんな風に感じるのは今月の方がずっと涼しいからだよ。

質問：以下のうち正しいグラフはどれか？

【設問解説】正解は ③。

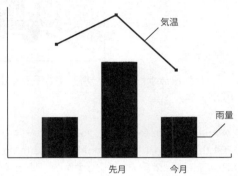

　男性が「先月はよく降ったけど，今月はあまり降っていない」と述べていることから，先月の方が雨量が多かったことを示す，②か③に絞られる。また「今月の方がずっと涼しい」とも述べていることから，③が正解だとわかる。

【主な語句・表現】
◇ that much「それほど多く」 rained を修飾する副詞句。that は「それほど」の意の副詞で much を修飾している。
◇ much cooler「はるかに涼しい」 much は cooler を修飾し，差がとても大きいことを示している。

問11　　11　　正解 ①

【放送内容】
W：Which activity would you like to do?
M：Definitely, not this one. I'm not good at swimming and I'm afraid of heights.
W：So not this one, either. How about this one?
M：Yeah, that's the one I need to sign up for.

Question：Which activity seems to be the best for the man?

【全訳】
女性：どのアクティビティをやってみたい？
男性：これは絶対だめだな。泳ぎは得意じゃないし，高いところも怖いし。
女性：じゃ，これもダメね。これはどう？
男性：うん，それが申し込まなきゃいけないヤツだね。

質問：この男性にはどのアクティビティが最適だと思われるか？

【設問解説】正解は ①。

　男性は「『泳ぎ』と『高い所』が苦手」と述べているので，そのいずれの要素も含まない ① が正解。

主な語句・表現

◇ would you like to − は do you like to − よりも丁寧な言い方。
◇ not this one ＝ I [you] would not like to do *this one*.
◇ How about ...?「…はどうですか？」 何かを提案するときに用いる表現。What about ...? でもよい。
◇ sign up for ...「…に申し込む」

第3問

解答

問 12 − ②	問 13 − ①	問 14 − ②
問 15 − ④	問 16 − ③	問 17 − ④

(各3点)

出題のねらい

　　身の回りの事柄に関して平易な英語で話される短い対話を，場面の情報を参考にしながら聞いて，設問に対する答えを（イラストやグラフではなく）英語で書かれた選択肢から選ぶ問題です。

出典　　*Original Material*

問 12　　12　　正解②

放送内容

M：How about using black and red?

W：Hm, that combination is too common. I think orange would be nice. It is a mixture of red and yellow and has nice meanings like joy and happiness.

M：What great messages the color conveys! Let's use it for our logo.

全訳

男性：黒と赤を使うのはどう？

女性：うーん，その組み合わせはあまりにありふれているわ。オレンジがいいんじゃないかしら。赤と黄色の混合だし，喜びや幸せというようないい意味もあるわ。

男性：その色でなんてすばらしいメッセージが伝わるんだろう！　僕らのロゴにはそれを使おう。

　　（質問）　話し手たちはどの色を自分たちのロゴに使うだろうか。

　　① 黒
　　② オレンジ
　　③ 赤
　　④ 黄色

設問解説

正解は②。

　　男性が赤と黒の使用を提案したところ，女性がそれを退け，代わりにオレンジを提案している。男性は女性から聞いたオレンジが持つ意味を肯定的にとらえ，それを使おうと言っているので，正解は②になる。

主な語句・表現

◇ How about ...?「…してはどうか？」　提案・勧誘の表現。
◇ combination「組み合わせ」
◇ common「普通の；ありふれた」
◇ mixture「組み合わせ；混合」
◇ convey ...「…を伝える」

問 13　　13　　正解①

放送内容

M：Excuse me, but is this 17C? I think this is my seat.

W：Oh yes, it is, but do you mind switching with me? I want to sit next to my daughter.

M：Not at all. What was your seat number?

W：33A. I really appreciate your kindness.

— 英L 11 —

全訳

男性：すみませんが，こちらは 17 C ですか？　私の席だと思うのですが。
女性：ええ，そうです。でも，私と交換していただいてもいいですか？　娘の隣に座りたいもので。
男性：かまいませんよ。あなたの座席番号はいくつでしたか？
女性：33 A です。本当にご親切にありがとうございます。

（質問）　男性はおそらく何をするだろうか。

① 　自分の新しい席を探しに行く。
② 　女性の隣に座る。
③ 　別の話題に変える。
④ 　別の飛行機に乗る。

設問解説

正解は ①。

Do you mind －ing に対する返答に注意。Do you mind －ing? は「－していただけますか？」と訳されることが多いが，mind は本来「気にする」という意味の動詞。つまり，Do you mind －ing は「－するのを気にしますか」と相手に聞いていることになるので，「－していい時（＝気にしない時）」は Not at all.（いいえ，気にしません）のように否定の形で答えることになる。一方，「－してほしくない時（＝気にする時）」は Yes と答えることになるが，実際には I'd rather you didn't.（－しないでいてくれるとうれしい）のような婉曲的な表現が好まれる。

さて，本会話では女性の「（席を）私と交換するのを気にしますか」という発言に対し男性が Not at all. と答えていることから，男性と女性は席を交換することがわかる。また，男性が女性の座席番号を聞いていることから，男性が次にすることは女性が座ることになっていた席，つまり自分の新しい席を探すことだとわかる。したがって，正解は ① となる。

主な語句・表現

◇ mind －ing「－するのをいやに思う［気にする］」
◇ switch「変更する」
◇ appreciate ...「…をありがたく思う；…に感謝する」

問 14　　14　　正解②

放送内容

W：Good morning, Jake. What a lovely day it is today!
M：It's certainly going to be a pleasant day. But why are you still in your pajamas?
W：What do you mean?
M：Don't you have to meet a friend at the airport this morning?
W：Oh, I almost forgot! I'd better hurry!

全訳

女性：おはよう，ジェイク。今日はなんてすばらしい日でしょう！
男性：きっと楽しい 1 日になるよ。ところで，なぜ君はまだパジャマを着ているんだい？
女性：どういう意味？
男性：今朝は友だちと空港で会わなければならないのではないの？
女性：まあ，危うく忘れるところだったわ！　急がなきゃ！

（質問）　女性はおそらく次に何をするだろうか。

① 　男性にタクシーを呼んであげる。
② 　着替える。

— 英 L 12 —

③ 友人を車で送ってあげる。
④ 空港へ行く。

設問解説

正解は **②**。

　男性の２番目のセリフと女性の最後のセリフから，女性は友だちと空港で会う約束を危うく忘れるところで，これから出かけるのだとわかる。ただし，男性がその１番目のセリフで「なぜ君はまだパジャマを着ているんだい？」と聞いていたことを踏まえると，女性はまずパジャマから服に着替えて，それから出かけることになる。したがって，女性がこの会話の直後にとる行動は **②** の「着替える」になる。

主な語句・表現

◇ certainly「確かに；きっと」
◇ pleasant「〈天候が〉よい；快適な」
◇ be in +〈服など〉「〈服など〉を着ている」
◇ would better － 「－したほうがいい；－すべきだ」
◇ hurry「急ぐ」
◇ give ... a ride「…を〈車など〉に乗せてあげる」

問 15　│ 15 │　正解 ④

放送内容

M：This book is due back today, but I'd like to keep it a little longer.
W：Sure, can I see your student ID, please?
M：Here it is.
W：Thanks. Oh, I'm sorry. This book has been requested by someone else. You may borrow it again if you make another request in a week.

全訳

男性：この本は今日が返却期日なんですが，もう少し借りていたいのです。
女性：わかりました。学生証を見せてください。
男性：どうぞ。
女性：どうも。あら，すみません。この本は他の人が予約しています。１週間後に再度予約をすれば，この本をもう一度借りることができます。

　（質問）　男性は次に何をするか。

① 同じ本を借りる。
② 図書館カードを作る。
③ 学生証を更新する。
④ **本を返却する。**

設問解説

正解は **④**。

　男性は１番目のセリフで今日が返却期日の本の貸出期間延長を申し出ている。ところが，女性の最後のセリフによると，その本は他の人から貸出の予約が入っている。「１週間後に別の予約をすれば，この本をもう一度借りることができる」とは，つまり今日は返却して，１週間後に予約を入れることで再度借りられるという意味。したがって，男性が次にとる行動は本の返却手続きになるので，**④** が正解になる。

　① は女性の最後のセリフから，今日は同じ本を借りることができないことがわかるので誤り。**②** の「図書館カード」と **③** の「学生証の更新」については何も述べられていないので誤りである。

— 英 L 13 —

主な語句・表現

◇ due back「返却期日」
◇ Here it is.［はい，どうぞ］　人に物を渡したり提示したりするときに使う表現。
◇ in ＋〈期間〉「〈期間〉の後に」
◇ renew ...「〈免許・契約・会員など〉を更新する」

放送内容

問16　　16　　正解 ③

W：George, you're late again.
M：I'm sorry, Ms. Kato. The bus was delayed.
W：That's exactly what you said last Wednesday.
M：I think it was a train delay last time.
W：In the future you should leave home earlier in case of delays.

全訳

女性：ジョージ，また遅刻ね。
男性：すみません，カトウ先生。バスが遅れたんです。
女性：それって，先週の水曜日に君が言ったことと全く同じよ。
男性：前回は電車の遅れだったと思います。
女性：今後は，遅れる場合に備えて早めに家を出るべきです。

　　（質問）　先週の水曜日，ジョージに何が起こったか。

　　①　彼は間違った電車に乗ってしまった。
　　②　彼は授業を休んだ。
　　❸　彼は授業に遅れた。
　　④　彼のバスが遅れた。

設問解説

正解は ❸。
　　最初の男女のやりとりから，教室内での男子生徒と女性教師の会話だと推測できるが，2番目のセリフで女性は生徒の言い訳が「先週の水曜日とそっくり同じだ」と言っているので，男子生徒が先週の水曜日にも授業に遅刻したことがわかる。したがって正解は ❸ である。
　　教師の指摘に対して生徒が「前回は電車の遅れだった」と言っていることから，①，④ は誤りである。また，先週の水曜日にこのようなやりとりをしたということは，生徒はその日の授業に出席していたはずなので，② も誤りである。

主な語句・表現

◇ be delayed「遅れる」　この delay は他動詞だが，後に出てくる2つの delay は「遅れ」という意味の名詞。
◇ in the future「今後は」
◇ in case of ...「…に備えて」

放送内容

問17　　17　　正解 ④

W：I'm so bored.
M：Me, too. Why don't we go to the movies?
W：I don't feel like going out.
M：How about a DVD? Let's watch Star Wars.
W：I saw it last week.
M：Really? OK then ... how about Pirates of the Caribbean?
W：Great! Let's order pizza and eat it while we watch.
M：OK.

（全訳）　女性：とても退屈だわ。
　　　　男性：僕もだ。映画を見に行かない？
　　　　女性：出かける気分ではないわ。
　　　　男性：それじゃ，ＤＶＤはどう？　スター・ウォーズを見ようよ。
　　　　女性：それは先週見たわ。
　　　　男性：本当？　うーん…それじゃパイレーツ・オブ・カリビアンはどう？
　　　　女性：いいわね！　ピザを注文して，見ながら食べましょうよ。
　　　　男性：ＯＫ。

　　　（質問）　女性が「スター・ウォーズ」を見たくないのはなぜか。

　　　　①　彼女はそれがあまり好きではない。
　　　　②　彼女はＤＶＤを見られないほど疲れている。
　　　　③　彼女は映画を見に行きたい。
　　　　④　彼女はごく最近それを見た。

（設問解説）　正解は④。
　　　退屈に感じている男女が室内で会話をしているようである。「スター・ウォーズのＤＶＤ
　　を見るのはどうか？」という男性の２つ目の提案に対し，女性は３番目のセリフで，「それ
　　は先週見た」と応答している。したがって④が正解である。
　　　①，②のような発言を女性はしていない。③は女性が２番目のセリフで「出かける気分
　　ではない」と言っていることから，誤りである。

（主な語句・表現）　◇ Why don't we ...?「…しないか？」　勧誘の表現。

— 英 L 15 —

第4問

解 答

	A	問18〜21	18 ④	19 ③	20 ①	21 ②	（完答で4点）
		問22〜25	22 ①	23 ②	24 ④	25 ⑤	（各1点）
	B	問26 – ②					（4点）

出題のねらい

A　問18〜21では100語程度の英文，そして問22〜25では70語程度の英文を聞いて，図表を完成させることを通じて，話し手の意図を把握する力を問う問題です。

出 典

Original Material

問18〜21　正解　18 ④　19 ③　20 ①　21 ②

放送内容

　　A grade of junior high school students were asked to answer the following question: What worries you most about starting a new school year? They had to choose between "appearance," "club activities," "making friends," "schoolwork," and "nothing." Only around one tenth of students didn't worry about anything and few worried about joining "club activities." The most students worried about "schoolwork," and exactly one quarter of students who responded said that they were concerned about their "appearance." Almost as many students who worried about "schoolwork" worried about "making friends."

全 訳

　　ある学年の中学生たちが以下の質問に答えるよう求められた。その質問とは，新しい学年を始めるにあたって，最も心配なことは何ですか，というものだった。中学生たちは「外見」と「クラブ活動」と「友だち作り」と「学校の勉強」と「何もなし」の中から選ばなければならなかった。何も心配することがなかったのは生徒たちの約10分の1だけであり，「クラブ活動」への参加を心配した生徒はほとんどいなかった。「学校の勉強」を心配した生徒が最も多く，質問に答えた生徒たちのうち「外見」について心配していると語った生徒はちょうど4分の1だった。「学校の勉強」を心配する生徒とほぼ同じぐらいの生徒が「友だち作り」に関して心配していた。

設問解説

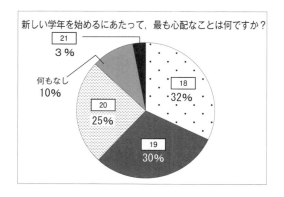

　　第3文後半で「『クラブ活動』への参加を心配した生徒はほとんどいなかった」と述べられていることから，3％を示している 21 には ②Club activities が入る。続く第4文前半に「『学校の勉強』を心配した生徒が最も多く」とあるので，円グラフの中で最大の割合である32％を示す 18 には ④Schoolwork が入り，第4文後半では「質問に答えた生

— 英L 16 —

徒たちのうち『外見』について心配していると語った生徒はちょうど４分の１だった」と述べられていることから，25％という「ちょうど４分の１」の割合を示している [20] には①Appearance が入ることになる。最後に，最終文に「『学校の勉強』を心配する生徒とほぼ同じぐらいの生徒が「友だち作り」に関して心配していた」とあることから，32％とほぼ同じぐらいの割合である30％を示す [19] には③Making friends が入る。このように，almost という副詞は「ほとんど」という意味だが，「もう少しというところであるレベルに達していない状態」を表している。**(例)** It's *almost* five o'clock.「あと少しで５時だ」

主な語句・表現

◇ grade「（小・中・高等学校の）学年」
◇ be asked to –「–するよう求められる」
◇ worry「…を心配させる」
◇ choose between ...「…から選ぶ」
◇ one tenth of ...「…の10分の１」
◇ worry about ...「…について心配する」
◇ exactly「正確に；ちょうど」
◇ one quarter of ...「…の４分の１」
◇ who responded は直前の students を先行詞とする関係代名詞節。
◇ respond「答える；返答する」
◇ be concerned about ...「…について心配している」
◇ who worried about "schoolwork" は直前の many students を先行詞とする関係代名詞節。
◇ as many ...「同数の」 **(例)** In the summer of 2019, 287 students from this high school left for a three-day trip, while *almost as many* students — 271 — did not make the trip. 「2019年の夏には，この高校の287人の生徒が３日間の旅行に出たが，ほぼ同じ数の生徒—271人—は旅行に出かけなかった」

問22～25　正解 [22] ① [23] ② [24] ④ [25] ⑤

放送内容

We've decided to charge lower fees for some of our options. I want you to type in the new fees to complete this new ad. First, the fee for renting a dress only will be two hundred dollars, and a dress with hairstyling only will be three hundred dollars. Also, a bag, a pair of shoes, and any accessory will be twenty dollars each, or fifty dollars for three or more rented at once.

全訳

私たちはオプションの一部の料金を下げることに決めました。この新しい広告を完成させるのに新しい料金を打ち込んでもらいたいと思います。まず，ドレスのみをレンタルする場合の料金は200ドルで，ドレスのレンタルとヘアスタイリングのみの場合は300ドルになります。また，鞄，靴１足，およびアクセサリーはどれでも，１つあたり20ドルか，３つ以上同時にレンタルした場合は50ドルになります。

　① 200ドル　② 250ドル　③ 260ドル　④ 300ドル　⑤ 320ドル

	オプション	料金
ドレス	ドレスのみ	22
	鞄＋靴＋ネックレスを追加	23
ドレス ＋ ヘアスタイリング	ドレス ＋ ヘアスタイリング のみ	24
	ヘアアクセサリーを追加	25

設問解説

22 正解①

第3文（First, the fee ...）で First, the fee for renting a dress only will be two hundred dollars「まず，ドレスのみをレンタルする場合の料金は 200 ドル」と述べられているので①200 ドルが正解。

23 正解②

この設問には注意が必要。第4文（Also, a bag, ...）の前半では Also, a bag, a pair of shoes, and any accessory will be twenty dollars each「また，鞄，靴 1 足，およびアクセサリーはどれでも，1 つあたり 20 ドル」と述べられているが，同文の後半では or fifty dollars for three or more rented at once「あるいは，3 つ以上同時にレンタルした場合は 50 ドル」と述べられている。つまり，鞄，靴，およびネックレスの 3 点をレンタルする料金は 20 ドル × 3 点 ＝ 60 ドルではなく，50 ドルとなる。このことと第 3 文（First, the fee ...）で First, the fee for renting a dress only will be two hundred dollars「まず，ドレスのみをレンタルする場合の料金は 200 ドル」と述べられていることを合わせると，200 ドルに 50 ドルを加えた②250 ドルが正解となる。

24 正解④

第3文（First, the fee ...）の後半で a dress with hairstyling only will be three hundred dollars「ドレスのレンタルとヘアスタイリングのみの場合は 300 ドル」と述べられているので，④300 ドルが正解。

25 正解⑤

第3文（First, the fee ...）の後半で a dress with hairstyling only will be three hundred dollars「ドレスのレンタルとヘアスタイリングのみの場合は 300 ドル」と述べられていることと，第 4 文（Also, a bag, ...）で Also, a bag, a pair of shoes, and any accessory will be twenty dollars each「また，鞄，靴 1 足，およびアクセサリーはどれでも，1 つあたり 20 ドル」と述べられていることから，ドレスとヘアスタイリングの 300 ドルにヘアアクセサリーの 20 ドルを加えた⑤320 ドルが正解となる。

主な語句・表現

◇ charge ...「…（＝料金）を請求する」
◇ lower「より低い」 low の比較級。
◇ fee「料金」

◇ option「オプション；付属品；選択可能なもの」
◇ type ... in [in ...]「…を打ち込む」
◇ complete ...「…を完成させる」
◇ ad = advertisement「広告」
◇ first「まず；はじめに」
◇ dress「ドレス」
◇〈名詞〉+ only「〈名詞〉のみ」
◇ hundred「百」
◇ dollar「ドル」 多くの国での通貨単位。
◇ hairstyling「ヘアスタイリングを行うこと；ヘアセット」
◇ a pair of ...「（2つ）1組の…」
◇ accessory「アクセサリー」
◇〈名詞〉+ each「各〈名詞〉」
◇〈数〉or more「〈数〉以上」（←〈数〉またはそれより多く）
◇ at once「一度に；同時に」

出題のねらい　B　全体で190語程度からなる複数の情報を聞いて、それを比較して、最も条件に合う留学先を選ぶ問題です。英語の非母国語話者が登場するのもこの問題の特徴の一つです。

出典　*Original Material*

問26　26　正解 ②

放送内容

1　I recommend Scotland. At the school I went to, for example, we were able not only to take various language courses, but also to learn about Scotland's traditional culture. Some English courses are taught by teachers who speak Japanese, so even beginners can learn a lot. You can stay one month or more.

2　You should come to the United States. Our school holds events every week that give you opportunities to interact with American students. You can stay a month or more. There are also a lot of tours of historic sites, so you can get a deeper understanding of the country.

3　You should come to Australia. Since we have students from all over the world, you'll be able to learn about many different cultures. Also, during our weekend parties, you can have fun with Australian students. The program lasts two months.

4　I recommend Canada. The local students will help you learn English. You'll surely make friends with some of them. Also, you can go to local festivals on weekends, so you'll have a chance to learn about the local culture. You can stay up to three weeks.

全訳

1　スコットランドをお勧めします。たとえば、私が通っていた学校では、様々な語学講座を受講できるだけではなく、スコットランドの伝統文化について学ぶこともできました。英語講座の中には、日本語を話す教師が教えるものもあるため、初学者でも多くのことを学ぶことができます。1か月以上滞在できます。

— 英 L 19 —

2　アメリカに来るべきです。私たちの学校では，アメリカの学生と交流する機会を提供するイベントを毎週開催しています。1か月以上滞在できます。また，史跡を巡るツアーもたくさんありますので，この国についてより深く理解することができます。

3　オーストラリアに来るべきです。世界中から学生が集まるため，多様な文化について学ぶことができます。また，週末のパーティーでは，オーストラリアの学生たちと楽しい時間を過ごすことができます。プログラムは2か月続きます。

4　カナダをお勧めします。地元の学生が英語を学ぶお手伝いをしてくれます。きっと彼らの中の何人かと友だちになれるでしょう。また，週末に地元のお祭りに行くことができるので，地元の文化について学ぶ機会があります。最大で3週間滞在できます。

①　スコットランド
❷　アメリカ合衆国
③　オーストラリア
④　カナダ

設問解説

①　不正解。
　　留学先として「スコットランド」を紹介している。担当者から，留学内容として4つの情報が提示されている。第1に，「様々な語学講座が受講できる」である。第2に，「伝統文化を学ぶことができる」であるが，これはAの条件（留学先の伝統文化体験）に当てはまる。第3に，「日本語を話す教師が指導してくれる英語の講座もあるため，初学者でも多くのことを学べる」である。最後に，「1か月以上の滞在が可能」とあるが，これはCの条件（1か月以上の滞在）に当てはまる。以上より，Bの条件（地元学生との交流）が欠けているため，不正解である。

②　**正解。**
　　留学先として「アメリカ合衆国」を紹介している。担当者から，留学内容として3つの情報が提示されている。第1に，「アメリカの学生と交流できる」であるが，これはBの条件（地元学生との交流）に当てはまる。第2に，「1か月以上の滞在が可能」であるが，これはCの条件（1か月以上の滞在）に当てはまる。最後に，「史跡巡りのツアーを通じてこの国を深く学べる」であるが，これはAの条件（留学先の伝統文化体験）に当てはまる。以上より，すべての条件を満たすため，正解である。

③　不正解。
　　留学先として「オーストラリア」を紹介している。担当者から，留学内容として3つの情報が提示されている。第1に，「世界中から来る学生を通じて多様な文化を学べる」であるが，これはAの条件にある「その国の伝統文化に広く触れられる」とは合致しない。第2に，「パーティーでオーストラリアの学生たちと楽しめる」であるが，これはBの条件（地元学生との交流）に当てはまる。最後に，「プログラムは2か月続く」とあり，これはCの条件（1か月以上の滞在）に当てはまる。以上より，Aの条件（留学先の伝統文化体験）が欠けているため，不正解である。

④　不正解。

　　留学先として「カナダ」を紹介している。担当者から，留学内容として３つの情報が提示されている。第１に，「地元の学生が英語学習を手伝ってくれるうえ，そうした学生と友だちになれる」とあり，これはＢの条件（地元学生との交流）に当てはまる。第２に，「お祭りに参加して地元の文化に触れられる」であるが，これはＡの条件にある「その国の伝統文化に広く触れられる」とは合致しない。最後に，「最大３週間滞在が可能」であるが，これはＣの条件（１か月の滞在）には当てはまらない。以上より，ＡとＣの条件が欠けているため，不正解である。

主な語句・表現

[放送内容]

◇ recommend ...「…を推薦する」
◇ not only ... but also ～「…ばかりでなく～も」
◇ various「様々な」
◇ course「講座」
◇ traditional「伝統的な」
◇ culture「文化」
◇ even「(で) さえ」
◇ beginner「初学者」
◇ a lot 図「たくさんのこと [もの]」
◇ or more「あるいはそれ以上」
◇ hold ...「(会・式など) …を催す [開く]」
◇ opportunity「機会」
◇ interact with ...「…とふれ合う」
◇ tour「旅行；見学」
◇ historic「歴史上重要な [有名な]」
◇ site「場所；遺跡」
◇ deep「深い」　英文中では deeper (より深い) と比較級になっている。
◇ understanding「理解」
◇ since + S + V ...「…だから」
◇ have fun「楽しむ；楽しく遊ぶ」
◇ program「プログラム；学習課程」
◇ last「続く」
◇ local「その土地の」
◇ help + O + (to) －「Oが－するのを手伝う [助ける]」　to は省略可能。
◇ surely「確かに；必ず」
◇ make friends with ...「…と友だちになる」
◇ festival「お祭り」
◇ chance「機会」
◇ up to ...「(最高) …まで」

[表]

◇ interaction「(人の) ふれ合い」
◇ length「長さ；全期間」

― 英Ｌ 21 ―

第5問

解答

問 27 - ④　　　　　　　　　　　　　　　　　　　　　　　　　　（3点）
問 28 ～ 31 　| 28 | ② |　　| 29 | ④ |　　　　　　　　（完答で2点）
　　　　　　 　| 30 | ① |　　| 31 | ④ |　　　　　　　　（完答で2点）
問 32 - ④　　　　　　　　　　　　　　　　　　　　　　　　　　（4点）
問 33 - ①　　　　　　　　　　　　　　　　　　　　　　　　　　（4点）

出題のねらい

　320 語程度の社会的な話題に関する講義を聞いて（今回は「自然災害と人間社会の関わり」がテーマ），ワークシートを完成させたり，内容一致問題に答えることを通じて，概要や要点をとらえる力を問う問題です。さらには問 33 では，聞き取った情報と，図表から読み取れる情報を組み合わせて判断する力が問われています。

出典

（参考）*ResearchGate* (November 2015)

放送内容

[講義]

　When you hear the phrase "natural disaster," you may think it is something you cannot avoid. But is this really true? The number of people affected by natural disasters in the world declined from approximately 4.3% to 2.6% of the population during the years from 1994 to 2013. Probably measures such as earlier warning systems contributed to the prevention of serious disasters.

　On the other hand, when we turn our eyes to poorer countries, things are quite different. Natural hazards are far more likely to become deadly disasters when they happen in vulnerable areas where people have few defenses. Just compare the 2010 Haiti earthquake, which had more than 200,000 victims and the Chilean earthquake a few weeks later, which had fewer than 500. Or consider that the number of victims of hurricanes, storms and floods in Haiti is more than ten times as high as in the Dominican Republic, a rich neighbor of Haiti.

　The governments of poor nations usually cannot afford to take effective measures against natural hazards. However, if the government focuses on disaster prevention, the number of victims will surely be reduced. One good example is Peru, which succeeded in reducing the number of deaths from the El Niño that started in 2014 to only twenty. Just compare that number to the total of 9,300 lives lost during the El Niño that started in 1982 and the El Niño that started in 1997.

　Unfortunately people in poor countries are often creating further threats to their environment when they burn land for farming or cut down trees in the forests. That may also help to increase the share of climate-related disasters in the whole of natural disasters.

[講義（続き）]

　Let's look at the data about the changes in the number of disasters by major category. You'll find geophysical disasters caused by earthquakes or volcanic activities almost remained at the same level. However, disasters caused by drought, extreme temperature, floods and wildfires increased.

— 英 L 22 —

全訳

[講義]

　「自然災害」という言葉を聞くと，皆さんはそれは何か避けることができないものと考えるかもしれません。でもこれは本当に真実でしょうか？　世界で自然災害の影響を受ける人々の数は 1994 年から 2013 年の間に人口のおよそ 4.3％から 2.6％に減少しています。おそらく早めの警報システムといった対策が重大な災害の予防に役立ったのでしょう。

　他方，より貧しい国々に目を向けると事態は全く異なります。自然災害は，人々が防御手段をほとんど持たない災害に対し脆弱な地域で起こると，壊滅的な大災害になる可能性がはるかに高くなるのです。20 万人を超える犠牲者を出した 2010 年のハイチの地震と，その数週間後に起き，500 人未満の犠牲者しか出さなかったチリの地震を比べてみてください。あるいは，ハイチにおけるハリケーンや，嵐，洪水による犠牲者数が，豊かな隣国であるドミニカ共和国の 10 倍を超えることを考えてみてください。

　貧しい国々の政府は自然災害に対して有効な手段を講じる余裕がないのが常なのです。しかしながら，もし政府が災害予防に注力するなら，犠牲者の数は確実に減少するでしょう。そのよい例がペルーで，2014 年に始まったエルニーニョに起因する死者数をわずか 20 人に減らすことに成功しました。その数を，1982 年に始まったエルニーニョおよび 1997 年に始まったエルニーニョで亡くなった犠牲者の総数 9,300 人と比べてみてください。

　残念ながら，貧しい国々の人々が農業のために土地を焼いたり，森林の木を伐採したりすると，環境に対するさらなる脅威を生んでいることが多いのです。それがまた，自然災害全体における気象関連の災害の割合を高める一因になるかもしれません。

[講義（続き）]

　主要なカテゴリー別の災害件数の変化を示すデータを見てください。地震や火山活動のような地球物理的な要因による災害はほぼ同じ水準のままです。しかし，干ばつや極端な気温，洪水，山火事によって引き起こされる災害は増えています。

設問解説

　問 27 〜 31 はワークシートの空欄を補う問題である。ワークシートは講義を聞きながら取るメモのようなものなので，完全な文で書かれてはいない。メモの意味を考えながら，講義の内容と合致するように言葉を補っていかねばならない。

[ワークシート]

○　**自然災害の影響を受けた人の割合の変化**

　　　　　　1994 年：人口の □ ％

影響を受けた人の数　　　　　　　　　　= 全体的な結果： 27

　　　　　　2013 年：人口の □ ％

○　**貧困が自然災害に及ぼす影響**

比較される国	災害の種類	犠牲者数
ハイチ対チリ	28	ハイチ＝チリより 400 倍 29
ハイチ対ドミニカ共和国	30	ハイチ＝ドミニカ共和国より 10 倍以上 31
ペルー 1982 年からおよび 1997 年から対ペルー 2014 年から	気象関連の災害	2014 年から＝ 1982 年からおよび 1997 年からよりはるかに少ない

— 英 L 23 —

問 27 　 27 　 正解 ④

①	0.7%の増加	②	0.7%の減少
③	1.7%の増加	**④**	**1.7%の減少**
⑤	2.7%の増加	⑥	2.7%の減少

正解は④。

　講義の第1段落第3文（The number of ...）で，「世界で自然災害の影響を受ける人々の数は1994年から2013年の間に人口のおよそ4.3%から2.6%に減少している」と言われていることから，この間の変動は「1.7%の減少」ということになる。

問 28 ～ 31 　 正解 　 28 　 ② 　 29 　 ④ 　 30 　 ① 　 31 　 ④

①	気象関連の災害	②	地震	③	より少ない	④	より多い

　ワークシートにある表の1行目ではハイチとチリが比較されている。講義の第2段落第3文（Just compare the ...）でこの両国への言及があり，「20万人を超える犠牲者を出した2010年のハイチの地震」と「500人未満の犠牲者しか出さなかったチリの地震」が比較されている。したがって，災害の種類として 28 には②の「地震」が入る。また，犠牲者数の欄は，29 に④の「より多い」を入れて「ハイチ＝チリより400倍多い」とすればよい。

　表の2行目ではハイチとドミニカ共和国が比較されているが，講義の中では，第2段落最終文（Or consider that ...）でこの両国への言及がある。比較されている災害は，「ハリケーン，嵐，洪水」で，これらは「気象関連の災害」と言えるので，30 には①が入る。また，同文でハイチの犠牲者数が「ドミニカ共和国の10倍を超える」と述べられていることから，31 には④を入れて，「ハイチ＝ドミニカ共和国より10倍以上多い」とすればよい。

問 32 　 32 　 正解 ④

①	技術の進歩によって私たちは近い将来自然災害を克服することができるだろう。
②	気象関連の災害は他の自然災害ほど深刻ではない。
③	人間の活動が主に自然に害を与えてきた。
④	**人間は一部の自然災害により生じる被害を減少させることに成功してきた。**

正解は④。

　まず話し手は第1段落第3文（The number of ...）で，「世界で自然災害の影響を受ける人々の数は1994年から2013年の間に減少している」という事実を示している。さらに，第3段落では，エルニーニョによる犠牲者数を劇的に減らすことに成功したペルーの例も紹介されている。これらのことから④が正しい。

　①のようなことは講義の中で述べられていない。②は最終段落で述べられている話し手の「気象関連災害の割合が高まることへの懸念」と矛盾する。また，貧しい国々における焼き畑農業や森林伐採への言及はあるものの，人間の活動全般が自然に害をおよぼしていると言っているわけではないので③も誤りである。

— 英L 24 —

問33 33 正解 ①

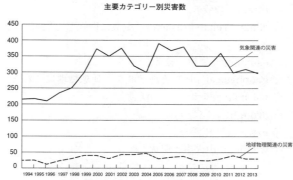

① 自然災害の件数の中で気象関連の災害が占める割合がより高くなるだろう。
② 自然災害によって生じる被害を減少させるためにより多くのお金を費やすべきである。
③ 地球物理的な災害の数は確実に減少するだろう。
④ 気象関連の災害による犠牲者数は確実に増加するだろう。

正解は①。
　グラフを見ると，気象関連の災害の数は年ごとの増減はあるにしても，1994年当時と比較すると増加している。また，続きの講義の中で「干ばつや極端な気温，洪水，山火事によって引き起こされる災害は増え続けている」と言われていることを考慮すると，①が正しい。
　被害を減らすための費用の問題は，講義でもグラフでも取り上げられていないので②は誤り。地球物理的な要因による災害の数は大きな変化がなく推移しており，講義の中でも，「地震や火山活動のような地球物理的な要因による災害はほぼ同じ水準のままだ」と述べられている。したがって③も誤りである。グラフの示しているのは犠牲者数ではなく災害件数であり，前半の講義で自然災害による犠牲者数の数が減少していると言われていることを考えると，④も誤りである。

主な語句・表現
[講義]
◇ natural disaster「自然災害」
◇ decline「減少する」
◇ approximately「おおよそ」
◇ warning system「警報システム」
◇ contribute to ...「…に貢献する」
◇ turn one's eyes to ...「…に目を向ける」
◇ hazard「危険；危険を引き起こすもの」
◇ deadly「致命的な」
◇ vulnerable「傷つきやすい；もろい」
◇ defense「防御策」
◇ Haiti 名「ハイチ」 形「ハイチの」
◇ Chilean 形「チリの」　名詞形は Chile。
◇ Dominican Republic「ドミニカ共和国」
◇ can afford to −「−する余裕がある」
◇ effective「効果的な」
◇ prevention「予防策」

◇ reduce ...「…を減らす」
◇ further「さらなる；それ以上の」
◇ threat「脅威」
◇ climate-related disaster「気象に関連した災害」

[講義（続き）]
◇ category「種類；範疇」
◇ geophysical「地球物理学的な；地球物理に関わる」
◇ volcanic activity「火山活動」
◇ drought「干ばつ」
◇ extreme「極端な」
◇ wildfire「山火事；野火」

[ワークシート]
◇ affect ...「…に影響する」
◇ overall「全体的な；総合的な」

[設問]
◇ increase「増加」　ここでは名詞。
◇ decrease「減少」　ここでは名詞。
◇ advancing「発展を続ける」
◇ enable ... to −「…が−できるようにする」
◇ conquer ...「…を克服する」
◇ account for ...「（全体の）…を占める」

第6問

解答	A　問34 – ③　　　問35 – ①　　　　　　　　　　　　　　　　　　（各3点）
	B　問36 – ③　　　問37 – ④　　　　　　　　　　　　　　　　　　（各4点）

出題のねらい　　A　学生が遭遇する可能性が十分にある状況に関わる 140 語程度の会話を聞いて，話者の発話の要点を選ぶことを通じ，必要な情報を把握する力を問う問題です。今回の問題では，就職活動の面接試験において物事を誇張して語ることの是非が論じられています。

出　典　　*Original Material*

問34　34　正解③　　　問35　35　正解①

放送内容　　［設問解説のために，通し番号をふってあります］
① Emily 　　: How did your job interview go, Takeshi?
② Takeshi : It went okay, Emily. But perhaps I won't get the job.
③ Emily 　　: What makes you say that?
④ Takeshi : The other students gave much better presentations than I did. They all had such interesting stories about their experiences. Compared to theirs, my life sounded very boring.
⑤ Emily 　　: I see. Some people talk about themselves really interestingly, don't they?
⑥ Takeshi : Yeah. In reality, their lives aren't so exciting, but they talk as if they were. It's a kind of cheating. It's not fair.
⑦ Emily 　　: I don't agree with you. Everyone exaggerates things. But it's different from lying.
⑧ Takeshi : I think exaggeration is a kind of lying. It's not acceptable, especially in job interviews.
⑨ Emily 　　: But there're no records left about what you do or say every day in your life. So, who can tell if you're exaggerating or not, anyway?

全　訳　　①エミリー：就活の面接はどうだったの，タケシ？
②タケシ　：大丈夫だったよ，エミリー。でもおそらくそこには採用されないだろうな。
③エミリー：どうしてそう思うの？
④タケシ　：他の学生たちのプレゼンの方が僕のよりずっと良かったんだよ。自分の経験について皆すごくおもしろい話をしてたんだ。それに比べると，僕の人生はとても退屈そうだったね。
⑤エミリー：なるほどね。自分のことを本当におもしろく話す人たちっているよね？
⑥タケシ　：うん。現実にはそれほどエキサイティングな人生ではないのにね，まるでそうであるかのように語るわけさ。一種のズルだよ。フェアじゃないね。
⑦エミリー：私はあなたとは考え方が違うわね。誰でも物事を大げさに言うものよ。でもそれって嘘をつくのとは違うでしょ。
⑧タケシ　：誇張は一種の嘘だと僕は思うけどなあ。そんなのダメだよ。特に就活の面接ではさ。
⑨エミリー：でも毎日の生活で人がしたり言ったりすることって，何の記録も残っていないでしょ。だったら，どっちにしても，人が大げさな話をしているかどうかって誰にわかるわけ？

— 英L 27 —

設 問 解 説

問 34 （質問） エミリーの主張の中心は何か。

① よい仕事を探すことに価値があるのかどうかは誰にもわからない。
② 話術の伸ばし方は誰にもわからない。
③ 我々は皆完全に正確とは言えないことを口にする。
④ 我々は皆他者が自分に言うことを信じる傾向がある。

正解は**③**。
　　セリフ⑦で，エミリーは「誰でも物事を大げさに言うものよ」と述べていることから，正解は**③**。他の選択肢は，いずれもエミリーのセリフの中にそれらに該当する表現は含まれず，誤り。

問 35 （質問） タケシはみんながどうするべきだと信じているか。

① 就職活動の面接では物事を正確に述べる。
② 就職活動の面接はできるだけ多数受ける。
③ 就職活動の面接ではゆっくりはっきり話す。
④ 就職活動の面接の準備には十分な時間をかける。

正解は**①**。
　　セリフ⑦でエミリーが「誰でも物事を大げさに言うものよ。でもそれって嘘をつくのとは違うでしょ」と述べたのに対して，タケシはセリフ⑧で「誇張は一種の嘘だと僕は思うけどなあ。そんなのダメだよ。特に就活の面接ではさ」と応答しており，「就職活動の面接では物事を誇張して語るべきではなく，正確に語るべきだ」とタケシが考えていることがわかる。よって，正解は**①**。他の選択肢は，いずれもタケシのセリフの中に該当する表現は含まれず，誤り。

主な語句・表現

◇ How did ... go? 「…はどうだったか」
◇ job interview 「就職活動の面接」
◇ go okay 「順調に進む」
◇ What makes you － ? 「どうして－するのか」
◇ presentation 「口頭発表；プレゼンテーション」
◇ experience 「経験」
◇ compared to ... 「…と比べると」
◇ sound ... 「〈話の内容が〉…のように聞こえる」
◇ I see. 「なるほど」
◇ in reality 「現実には」
◇ as if ... 「まるで…であるかのように」　as if の節内では仮定法が使われることが多い。ここでは were が仮定法過去を表している。
◇ a kind of ... 「一種の…」
◇ cheating 「不正行為；ズル」
◇ fair 「公平な；フェアな」
◇ agree with ... 「…と同意見である」
◇ exaggerate 「…を大げさに言う；…を誇張する」
◇ things 「物事」
◇ lying 「嘘をつくこと」
◇ exaggeration 「大げさな物言い；誇張」

— 英 L 28 —

◇ acceptable「容認可能な；許容できる」
◇ record「記録」
◇ can tell if ...「…かどうか言うことができる；…かどうかわかる」
◇ anyway「いずれにせよ；どっちにしても」
◇ it is worth －ing「－する価値がある」
◇ look for ...「…を探す」
◇ improve「…を向上させる；…を伸ばす」
◇ talking skill「話術」
◇ not ... perfectly「完璧に…というわけではない」 部分否定を表す。
◇ accurate「正確な」
◇ tend to －「－する傾向がある」
◇ describe「…を述べる；…を説明する」
◇ accurately「正確に」
◇ prepare for ...「…の準備をする」

出題のねらい

B　200語程度の会話や議論を聞いて，それぞれの話者の立場を判断する問題です。さらに，意見を支持する図表を選ぶことを通じて，必要な情報を統合し，要点を整理，判断する力が問われています。

出典

Original Material

問36　36　正解③　　問37　37　正解④

放送内容

［設問解説のために，通し番号をふってあります］

① Dominic：Watch out Kylie! Sorry, I didn't notice that car coming. It was so quiet!
② 　　Kylie：Yeah, it was an electric vehicle. Get used to the lack of noise, Dominic. In the future we'll all drive them!
③ George：Seriously, Kylie? They can't travel far at one time, and it takes ages to recharge them.
④ 　　Kylie：But George, they're fantastic for the environment. That's a major concern right now! Don't you think so, Ella?
⑤ 　　　Ella：True, but electric cars are far more expensive than ordinary ones.
⑥ 　　Kylie：Correct, but ...
⑦ George：Hey guys, they're boring! There really isn't much choice on the market.
⑧ Dominic：The number of electric car companies is growing rapidly. With governments pushing for greener products, they probably make a comfortable profit.
⑨ George：Really? I didn't know that, Dominic.
⑩ 　　Kylie：They don't require much work, George, so therefore they are cheaper to maintain.
⑪ 　　　Ella：But Kylie, I hardly ever see charging stations. How inconvenient!
⑫ Dominic：More will appear, though, Ella. On some busy American highways, not only full cars but also electric cars can drive in a special lane during rush hour to avoid traffic jams!
⑬ George：That's cool! I guess we have to move with the times. Gasoline will not last forever, unfortunately!
⑭ 　　　Ella：Wait and see. Scientists will definitely find a more efficient alternative fuel.

（全訳） ①ドミニク：気をつけて，カイリー！　ごめん，あの車が来ているのに気がつかなかった。ほとんど音がしなかった！

②カイリー：そうね，あれは電気自動車だったわね。音がしないことに慣れなきゃね，ドミニク。将来はみんな電気自動車を運転することになるのよ！

③ジョージ：正気かい，カイリー？　電気自動車じゃ一度に遠くまで行くことができないし，充電するにもすごく時間がかかるよ。

④カイリー：でもねジョージ，電気自動車は環境にとてもいいのよ。今はそれが主な関心事でしょ！　エラ，そう思わない？

⑤　　エラ：それは確かだけど，電気自動車は普通の車よりはるかに値段が高いのよ。

⑥カイリー：その通りだけど…

⑦ジョージ：なあみんな，電気自動車なんかつまらないって！　実際の話，市場での選択の余地はそれほど多くないんだ。

⑧ドミニク：電気自動車の企業数は急速に増えている。政府がより環境にやさしい製品を求めているから，おそらくそうした企業は十分な利益を上げているだろう。

⑨ジョージ：本当？　それは知らなかったよ，ドミニク。

⑩カイリー：ジョージ，電気自動車は多くの仕事を必要としないから，維持費もより安く済むのよ。

⑪　　エラ：でもカイリー，充電スタンドはめったに見かけないわよ。なんて不便なの！

⑫ドミニク：けど，もっと増えてくるよ，エラ。アメリカの一部の混雑した幹線道路では，交通渋滞を避けるために，ラッシュアワーには満員の車だけじゃなく電気自動車も特別車線を走ることができるんだよ。

⑬ジョージ：それ最高！　思うに，僕たちは時代とともに動いていかなければならない。残念だが，ガソリンはいつまでも続かないだろう。

⑭　　エラ：少し様子を見ることね。科学者はきっともっと効率のいい代わりの燃料を見つけ出すわよ。

設問解説

問36　36　正解③

正解は③。

　ドミニクは２回目の発言で「電気自動車の企業数は急速に増えている。政府がより環境にやさしい製品を求めているから，おそらくそうした企業は十分な利益を上げているだろう」と，さらに３回目の発言で，充電スタンドはめったに見かけない，というエラの非難を受けて「けど，（充電スタンドは）もっと増えてくるよ，エラ。アメリカの一部の混雑した幹線道路では，交通渋滞を避けるために，ラッシュアワーには満員の車だけじゃなく電気自動車も特別車線を走ることができるんだよ」と電気自動車を製造する企業や電気自動車に対する社会の対応に肯定的なことを述べているので，ドミニクは将来すべての車が電気によって動くようになるだろうと感じている，と推測できる。

　カイリーは２回目の発言で「電気自動車は環境にとてもいいのよ。今はそれが主な関心事でしょ！」と，さらに３回目の発言で「電気自動車は多くの仕事を必要としないから，維持費もより安く済むのよ」と電気自動車の長所を強調しているので，カイリーは将来すべての車が電気によって動くようになるだろうと感じている，と判断できる。

　ジョージは１回目と２回目の発言で，電気自動車のバッテリーと市場での選択の幅に関し否定的な意見を述べているが，ラッシュアワーには電気自動車が特別車線を走ることができる幹線道路もあるというドミニクの３回目の発言を聞いた途端，４回目の発言で「それ最高！　思うに，僕たちは時代とともに動いていかなければならない。残念だが，ガソリンはいつまでも続かないだろう」と一転して電気自動車賛成派となる。よってジョージは最後には将来すべての車が電気によって動くようになるだろうと感じている，と判断で

— 英 L 30 —

きる。
　エラは1回目の発言では「電気自動車は普通の車よりはるかに値段が高いのよ」と，2回目の発言では「充電スタンドはめったに見かけないわよ。なんて不便なの！」，さらに3回目の発言でも「少し様子を見ることね。科学者はきっともっと効率のいい代わりの燃料を見つけ出すわよ」と終始一貫して最後まで電気自動車に対して否定的な発言を繰り返している。したがって，エラが将来すべての車が電気によって動くようになるだろうと感じている，とは到底思われない。
　以上のことから，正解はドミニクとカイリーとジョージの3人となる。

問37　37　正解 ④

①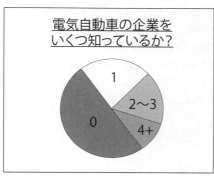

②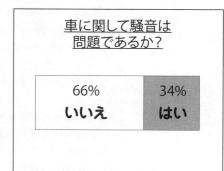

③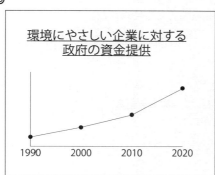

④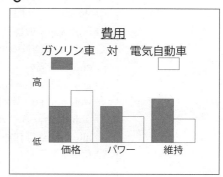

正解は ④。
　カイリーは3回目の発言で「電気自動車は多くの仕事を必要としないから，維持費もより安く済むのよ」と述べている。ここでの「仕事（量）（work）」とは物理学で言う「仕事」，すなわち 外から受ける力の作用のことであり，物体は仕事をされるとそれだけ運動エネルギーは増加する。車で言えば，動力や推進力といった「パワー（power）」が増すということである。「電気自動車は多くの仕事を必要としない」ということは「車が発揮するパワーも少ない」ということであり，④の図表の中央の棒グラフがそのことを示している。また，④の図表の右の棒グラフが「維持費もより安く済む」ということを示している。以上から正解は ④ となる。

主な語句・表現

[図表]
◇ funding「資金提供」
◇ maintenance「維持」

[会話文]
◇ watch out「気をつける」
◇ vehicle「車；乗り物」
◇ get used to ...「…に慣れる」
◇ Seriously?「〈相手の発話を受けて〉本気［正気］かい？」
◇ at one time「一度に」
◇ it takes ages to −「−するのにとても時間がかかる」
◇ recharge「〈電池など〉を充電する」
◇ concern「関心事」
◇ right now「まさに今」 right は，ここでは「まさに」という意味の強意の副詞。
◇ far は，ここでは比較級を強調して「はるかに」という意味。
◇ ordinary「普通の」
◇ Correct, but ...「その通りだけど…」 Correct の前には That's が省略されている。
◇ Hey guys「〈注意を引くために呼びかけて〉なあみんな」
◇ boring「〈事・物が〉退屈な；つまらない」
◇ With governments −ing「政府が−している（ので）」 ここでの with は付帯状況の with。**(例)** She was sitting there *with her hand shading* her eyes.「彼女は手を目にかざしてそこに座っていた」
◇ push for ...「…を求め（続け）る」
◇ green「環境にやさしい」
◇ comfortable「〈生計などが〉十分な」
◇ profit「利益」
◇ maintain「維持する」
◇ hardly ever ...「めったに…ない」
◇ charging station「充電スタンド」
◇ though「だけど」 though は，ここでは副詞。
◇ highway「幹線［主要］道路」
◇ full car「満員の車」
◇ cool「最高の」
◇ last「続く：持ちこたえる」
◇ wait and see「少し（待って）様子を見る」
◇ definitely「きっと：確かに」
◇ alternative「代わりの」
◇ fuel「燃料」

— 英 L 32 —

第2回 実戦問題 解答・解説

英語(リスニング) 第2回 （100点満点）

（解答・配点）

問題番号（配点）	設問		解答番号	正解	配点	自己採点欄	問題番号（配点）	設問		解答番号	正解	配点	自己採点欄
第1問（25）	A	1	1	②	4		第4問（12）	A	18	18	③	4*	
		2	2	②	4				19	19	①		
		3	3	②	4				20	20	④		
		4	4	①	4				21	21	②		
	B	5	5	②	3				22	22	②	1	
		6	6	①	3				23	23	③	1	
		7	7	④	3				24	24	④	1	
小　　計									25	25	③	1	
第2問（16）		8	8	③	4			B	26	26	③	4	
		9	9	②	4		小　　計						
		10	10	③	4		第5問（15）		27	27	⑥	3	
		11	11	①	4				28	28	①	3*	
小　　計									29	29	②		
第3問（18）		12	12	①	3				30	30	④	3*	
		13	13	①	3				31	31	③		
		14	14	②	3				32	32	①	3	
		15	15	③	3				33	33	②	3	
		16	16	③	3		小　　計						
		17	17	④	3		第6問（14）	A	34	34	①	3	
小　　計									35	35	②	3	
（注）　＊は，全部正解の場合のみ点を与える。								B	36	36	②	4	
									37	37	③	4	
							小　　計						
							合　　計						

— 英 L 34 —

第1問

解 答				
A	問1 - ②	問2 - ②	問3 - ②	問4 - ①	(各4点)
B	問5 - ②	問6 - ①	問7 - ④		(各3点)

出題のねらい　A　身の回りの事柄に関して平易な英語で話される短い発話を聞いて，「話者の言いたいこと」を把握する力を問う問題です。

出典　*Original Material*

問1　　1　　正解 ②

放送内容　I had a heavy lunch with lots of calories, so I'll have something light for supper.

全訳　昼食は高カロリーで胃にもたれた。だから，夕食は何か軽いものにするよ。

　　① 話者は食中毒を避けようとしている。
　　❷ 話者はカロリーに気をつけようとしている。
　　③ 話者は夕食に満足していない。
　　④ 話者はあまり食べ物にうるさくない。

設問解説　正解は ❷。
　　a heavy lunch は「胃にもたれる昼食」という意味。文全体の意味はカロリーの高い昼食をとったため，夕食は低カロリーの軽いものがいいということになり，正解は ② となる。

主な語句・表現　◇ heavy「胃にもたれる」
　　◇ something light「何か軽いもの」
　　◇ be particular about ...「…について好みがうるさい；…にこだわる」

問2　　2　　正解 ②

放送内容　I felt so tired when I came home that I didn't take my dog for a walk.

全訳　帰宅したときとても疲れていたので，私は犬の散歩に行かなかった。

　　① 話者は飼い犬にえさを与えなかった。
　　❷ 話者は飼い犬の散歩をしなかった。
　　③ 話者は少し疲れていた。
　　④ 話者は1日中家にいた。

設問解説　正解は ❷。
　　② の didn't walk his dog とは，「飼い犬に散歩をさせなかった」という意味なので，話者の発言内容に一致する。よって正解は ② となる。so tired と言っていることから，③ は誤り。

主な語句・表現　◇ take ... for a walk「…を散歩に連れていく」
　　◇ ② の walk ... は「…に散歩をさせる」の意味で，ここでは他動詞として用いられている。

— 英 L 35 —

問3 　3　 **正解②**

(放送内容) Mary, I've just finished reading your essay. It leaves very little room for improvement.

(全訳) メアリー，君のレポートをちょうど読み終えたところだ。改善の余地はほとんどないね。

① メアリーのレポートはまあまあだ。
② メアリーのレポートは大変優れている。
③ メアリーのレポートは読んでいて楽しくない。
④ メアリーのレポートは出来がよくない。

設問解説

正解は**②**。
　leave very little room for improvement とは「改善すべきところがほとんど残されていない」ということから，「ほぼ完璧である」という意味になる。よって正解は**②**。

(主な語句・表現) ◇ room for ...「…の余地」　room はこの意味では不可算名詞。

問4 　4　 **正解①**

(放送内容) I don't agree with you, but I respect your right to say what you believe is right.

(全訳) 　あなたの意見には同意しないが，正しいとあなたが考えていることを発言する権利を私は尊重します。

① 話者は発言の自由のよさを信じている。
② 話者は他人からどう思われているかを気にかけない。
③ 話者はその人を信頼していない。
④ 話者はその人が好きである。

設問解説

正解は**①**。
　自分とは異なる意見を発言する権利を尊重すると話者は述べている。よって正解は**①**である。

(主な語句・表現) ◇ right to −「−する権利」
◇ what S believe is right「正しいと（Sが）信じていること」

(出題のねらい) B　身の回りの事柄に関して平易な英語で話される短い発話を聞いて，それに対応するイラストを選ぶことを通じて，発話内容を把握する力を測るとともに，文法が生きた知識として身についているかどうかを問う問題です。

(出典) *Original Material*

問5 　5　 **正解②**

(放送内容) Although the game isn't over yet, some of the spectators are leaving the ball park.

— 英 L 36 —

[全訳] 試合はまだ終わっていないが，観客の一部は野球場を立ち去ろうとしている。

[設問解説] 正解は ②。
　ball park は「野球場」なので，the game とは「野球の試合」だとわかる。文全体は観客の一部が野球の試合中に立ち去ろうとしていることを表す。よって正解は ② となる。

[主な語句・表現]
◇ spectator「観客」
◇ ball park「野球場」

問6　[6]　正解 ①

[放送内容] A young girl offered her seat to a woman with a small child in her arms.

[全訳] 女の子が幼い子どもを抱いている女性に席を譲った。

[設問解説] 正解は ①。
　席を譲られた女性は，a woman with a small child in her arms で表されている。これは「幼い子どもを（両腕で）抱いている女性」ということ。よって正解は ① となる。

[主な語句・表現]
◇ offer one's seat to ...「…に席を譲る」
◇ with ... in one's arms「…を（両腕で）抱いている」　ここでは形容詞句として，直前の a woman を修飾している。

問7　[7]　正解 ④

[放送内容] A magician in a top hat appeared on the stage followed by a monkey.

[全訳] シルクハットをかぶった手品師が猿を後ろに従えて舞台に登場した。

設問解説

正解は **④**。

　舞台に登場したのは a magician in a top hat（シルクハットをかぶった手品師）で表されており，登場したときの様子は followed by a monkey（猿を後ろに従えて）で表されている。以上から，正解は **④** となる。

主な語句・表現

◇ magician「手品師；奇術師」

◇ in a top hat「シルクハットをかぶった」　in は衣類を表す名詞を伴って「…を着て［はいて；かぶって］」という意味になる。

◇ followed by ...「…を後ろに従えて」　followed は follow ...（…の後についていく）の過去分詞。ここでは分詞構文。

第2問

解 答　問8 — ③　　問9 — ②　　問10 — ③　　問11 — ①　　　　（各4点）

出題のねらい　身の回りの出来事に関する平易な会話を聞いて，その場面に合った内容のイラストを選ぶ形式で，会話の概要や要点を正しく把握できるかを問う問題です。

出　典　*Original Material*

放送内容

問8　8　正解 ③

M: Shall we park beside this park?
W: Oh, there's a no-parking sign over there.
M: OK. I think there's a free parking lot on the other side of the intersection.
W: Well, on the map it's just around the corner.

Question: Where is the man likely to park their car?

全　訳

男性：この公園のそばに車を停めようか？
女性：あら，あそこに駐車禁止の標識があるわ。
男性：わかった。交差点の向こう側に無料駐車場があると思うんだ。
女性：えーと，地図では角のところにあるわよ。

質問：男性はどこに車を停める可能性が高いか？

設問解説

正解は ③。

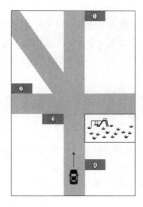

　車に乗っている男性と女性が駐車場を探している場面である。公園付近に駐車しようとするが，女性が駐車禁止の標識に気づく。男性が交差点を越えたところに無料駐車場があると述べると，女性が地図上では角のあたりに駐車場があると指摘する。したがって，男性は交差点手前の ③ に駐車する可能性が高いことがわかる。

主な語句・表現

◇ park「駐車する」
◇ no-parking sign「駐車禁止の標識」
◇ free「無料の」
◇ parking lot「駐車場」

◇ intersection「交差点」
◇ (just) around the corner「角を曲がったところに；すぐそこに」
◇ be likely to ‐「‐する可能性が高い」

問9　9　正解 ❷

【放送内容】
W：Is the typhoon going to be bad?
M：Well, it will be strong at first, then get weaker.
W：I'm most worried about its path.
M：This says it's going over the Kansai region.

Question：Which is the correct movement of the typhoon?

【全訳】
女性：台風はひどくなるのかしら？
男性：えーと，最初は強いんだけど，その後次第に弱くなるよ。
女性：進路が一番心配だわ。
男性：これによると，関西地方を通る予定だね。

質問：どれが台風の正確な動きか？

【設問解説】
正解は ❷。

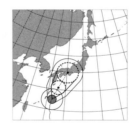

　男性と女性が台風について話している場面である。男性が，台風は最初のうちは強いが次第に弱くなると述べる。次に，進路が心配する女性に対して，男性が関西地方を通ることを述べている。「関西地方を通過する」という条件を満たすものは ❷ のみである。

【主な語句・表現】
◇ typhoon「台風」
◇ at first「最初は」
◇ get weak「弱くなる」
◇ be worried about ...「…を心配している」
◇ path「進路」
◇ region「地方；地域」

問10　10　正解 ❸

【放送内容】
M：That robot was cool.
W：The one with wings on its back?
M：No, the masked one.
W：Oh yeah, the one with long arms.

Question：Which robot are the speakers speaking about?

全訳

男性：あのロボットはかっこよかったなあ。
女性：背中に翼がついているロボット？
男性：いや，仮面をつけているロボットだよ。
女性：ああわかった，腕が長いロボットね。

質問：話し手はどのロボットについて話をしているか？

設問解説

正解は ③。

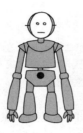

男性と女性がロボットについて話している場面である。男性があるロボットを思い出してかっこよかったと述べると，女性が背中に翼をつけたロボットかと確認する。それを否定した男性が仮面をつけていたことを述べると，長い腕を持つロボットのことだと女性が思い出す。「仮面をつけ，長い腕を持つ」という2つの条件を満たすものは ③ である。

主な語句・表現

◇ cool「かっこいい」
◇ wing「翼」
◇ back「背中」
◇ masked「仮面をつけた」

問11　11　正解 ①

放送内容

W：This movie looks interesting.
M：Yeah, but I'm in no mood for suspense.
W：So what about this romance?
M：Looks good, but I want to laugh my cares away.

Question：Which is the best movie for the man to see?

全訳

女性：この映画面白そうね。
男性：ああ，でも僕はサスペンスを見る気分じゃないんだ。
女性：それじゃ，この恋愛映画はどう？
男性：よさそうだけど，笑って憂さを晴らしたいんだ。

質問：男性が見るのに最適な映画はどれか？

設問解説

正解は ①。

　男性と女性がこれから見る映画について話している場面である。女性がサスペンス映画に興味を示すが，男性は気乗りしないと述べる。次に，女性が恋愛映画を提案すると，男性が笑って憂さを晴らしたいと述べていることから，① が正解である。

主な語句・表現

◇ be in no mood for ...「…の気分ではない」
◇ suspense「（小説・映画などの）サスペンス」
◇ What about ...?「…はどうですか？」
◇ romance「恋愛映画」
◇ laugh ... away「…を笑い飛ばす」
◇ care「心配；気がかり」

第3問

解答

問 12 － ①	問 13 － ①	問 14 － ②
問 15 － ③	問 16 － ③	問 17 － ④

(各3点)

出題のねらい　　身の回りの事柄に関して平易な英語で話される短い対話を，場面の情報を参考にしながら聞き取ることを通じて，概要や要点を目的に応じて把握する力を問う問題です。

出典　　*Original Material*

放送内容　　問12　12　正解①

M：Our train hasn't arrived yet. It's already five past ten.

W：Really? My watch says it's still five to ten. It's radio controlled and always keeps accurate time. Trust me.

M：Are you sure? Oh, here it comes!

W：Yeah! The sign says this train is five minutes behind schedule.

全訳

男性：僕たちが乗る列車はまだ到着しない。もう10時5分過ぎだ。

女性：本当？　私の時計だとまだ10時5分前よ。電波時計だからつねに時刻は正確なの。信頼してよ。

男性：確かかい？　おっ，来たよ！

女性：そうね！　表示には，この列車は予定より5分遅れとあるわよ

（質問）　彼らの乗る列車の定刻の到着時刻はどれか。

① 9：50
② 9：55
③ 10：00
④ 10：05

設問解説　　正解は①。

　　駅で列車を待っている夫婦の会話である。夫は10時5分過ぎにも関わらず自分たちの乗る予定の列車が到着しないと文句を言っている。妻の方は，まだ10時5分前で，自分の時計は電波時計で時刻は正確だと応じると，そこに当該列車が入線してくる。妻はその列車に，定刻よりも5分遅れであるという表示を見つける。会話から妻の時計が正確だとわかるので，現在の時刻は9時55分。5分遅れで列車が到着したということになるので，定刻の列車到着予定時刻はその5分前の①「9時50分」であることがわかる。

主な語句・表現

◇ five (minutes) past ten (o'clock)「10時5分過ぎ」

◇ five (minutes) to ten (o'clock)「9時55分（←10時まであと5分）」

◇ radio controlled「電波で制御された」　radio controlled watch は「電波時計」の意味。

◇ keep accurate time「正確な時刻を刻む」

◇ behind schedule「予定よりも遅れて」

— 英L 43 —

問 13 　13　 正解 ①

放送内容
W：Can you help me?
M：Sure. What seems to be the problem?
W：I don't know why, but I can't reserve my air ticket on this site.
M：Well…. Have you already logged in? That's the first thing you should do.
W：Oh, I forgot to do that. That explains it. Thanks!

全 訳
女性：助けてくれる？
男性：もちろん。何が問題なのかな？
女性：なぜだかわからないのだけど，このサイトで私の航空券が予約できないの。
男性：えっと。もうログインしている？　それが最初にすべきことなんだけど。
女性：あら，そうするのを忘れていたわ。そういうことだったのね。ありがとう！

　　(質問)　なぜ女性はチケットが予約できないのか。

　　①　ログインしていなかった。
　　②　便名がわからない。
　　③　間違ったページを見ている。
　　④　ホームページがフリーズしている。

設 問 解 説
正解は①。
　　女子学生が男子学生に，サイト上で航空券が予約できないと助けを求める。男子学生は最初にやるべきログインは既に終わっているかどうかを女子学生に尋ねる。彼女はそれに対して，「あら，そうするのを忘れていたわ。そういうことだったのね」と答えてお礼を言っていることから，①「ログインしていなかった」から予約できなかったことになり，①が正解。他の選択肢については会話からはうかがえないので不正解。

主な語句・表現
◇ air ticket「航空券」
◇ on this site「（インターネットの）このサイトで」
◇ log in「ログインする」
◇ That explains it.「そういうことだったのか；なるほどそれなら説明がつく」
◇ be frozen「インターネットのページがフリーズしている；固まって動かない」

問 14 　14　 正解 ②

放送内容
M：This gray bag is very good, but it isn't big enough. Do you have a bigger one?
W：Yes, of course. But we have only a brown one.
M：I don't like the color.
W：How about this backpack? It's big and black, not brown.
M：I don't like to shoulder anything heavy.

全 訳
男性：この灰色のカバンは素敵だけど，大きさが十分じゃないな。もっと大きなものはありますか？
女性：はい，もちろんです。ですが，茶色しかございません。
男性：その色は好きではないのです。
女性：このバックパックはどうですか？　大きくて黒色です，茶色ではありませんよ。
男性：重いものを背負うのは好きではありません。

— 英 L 44 —

（質問）　どんなカバンかバックパックを男性はほしいか。

① 大きな茶色のカバン
❷ **大きな灰色のカバン**
③ 小さな茶色のバックパック
④ 小さな灰色のバックパック。

設問解説

正解は❷。
　　何かを探している男性客と女性店員の会話。男性は，最初に灰色のカバンは素敵ではあるが，大きさが十分ではないので，もっと大きなものはあるかと女性店員に尋ねる。女性店員は，大きなサイズのものはあるが茶色しかないと答えると，男性はその色は好きではないと言う。この時点で①と③は不正解だと決まる。次に女性店員は黒色のバックパックを勧めるが，男性は重いものを背負うのは好きではないと答える。このことから，男性はバックパックを好まないことがわかるので，④も不正解。男性の最初の発言から色は灰色で大きいサイズのカバンが男性がほしいものであると考えられるので❷「大きな灰色のカバン」が正解。

主な語句・表現

◇ How about ...?「…はどうですか？」
◇ shoulder「背負う」

問15　　15　　正解❸

放送内容

W：Excuse me, could you tell me what the announcement was all about? They spoke too fast.
M：The department store will close in an hour, because a big typhoon is coming and all the subway services will be suspended.
W：Oh, my god! We'd better hurry up. Thank you very much indeed.

全訳

女性：すみません。アナウンスは一体何についてだったのか教えていただけますか？　あまりにも速すぎたものですから。
男性：当デパートは1時間後に閉店します，大きな台風が接近していて，地下鉄がすべて運休するから，ということです。
女性：あら大変！　急いだほうがいいわね。本当にありがとうございました。

（質問）　女性は何をする可能性がもっとも高いか。

① アナウンスを注意深く聞く。
② 日本語の練習をする。
❸ **急いで買い物をする。**
④ 喫茶店で休憩する。

設問解説

正解は❸。
　　デパートにいるイギリス人観光客（女性）が店内に流れたアナウンスがうまく聞き取れなかったようで，近くにいたと思われる日本人男性にその内容を尋ねている。男性がそれに対して，「当デパートは1時間後に閉店します，大きな台風が接近していて，地下鉄がすべて運休するから」というアナウンスの内容を伝えたところ女性は，「急いだほうがいいわね」と述べている。デパートの閉店前に「急いで買い物をしなければならないと考えた」と解釈すると意味も通るので正解は❸に決まる。アナウンスはすでに流れているので，①

— 英 L 45 —

は誤り。②，④については，いずれも1時間後に閉店するデパートであわててすることではないので不正解。

主な語句・表現
◇ What is ... all about?「…は一体どういうことですか？」
◇ be suspended「（電車などの運行が）休止している」

問16 　16　 正解 ③

放送内容
M：Have you reserved the hotel yet?
W：Yeah. But I'm still looking for a cheaper one.
M：How about this one? It's 3,000 yen cheaper, and closer to the station.
W：Great! I'll cancel the other one.
M：But this hotel doesn't have a hot spring bath.
W：Oh, no. I can't imagine a trip without a hot spring bath.

全訳
男性：あのホテル，もう予約した？
女性：ええ。でももっと安いホテルをまだ探しているの。
男性：ここはどう？　3,000円安いし，駅にももっと近いよ。
女性：それはいいわ！　別のホテルはキャンセルするわ。
男性：でもこのホテルには温泉がないんだ。
女性：まあ，それはダメよ。温泉のない旅なんて考えられないわ。

　（質問）　女性は何をする可能性が最も高いか。

　　①　自分が予約したホテルをキャンセルする。
　　②　男性が予約したホテルをキャンセルする。
　　❸　もっとよい選択肢を探し続ける。
　　④　男性が勧めたホテルを予約する。

設問解説
　　正解は ❸。
　　男性にホテルを予約したかと問われて，女性は最初のセリフで，ホテルは予約したが「さらに安いホテルを探している」と述べている。これを聞いた男性は「より安く駅に近いホテル」を女性に勧め，それに魅力を感じた女性は「予約したホテルをキャンセルする」とまで言うが，男性から「このホテルには温泉がない」と聞かされると，最後のセリフで，「温泉のない旅など考えられない」と，この提案を明確に却下している。したがって，今後女性がより良い条件のホテルを探し続けるだろうという推測は妥当であり，❸ が正解である。
　　男性の勧めるホテルを女性は明確に退けているので，④ は誤り。また，これを退けたことで，現状ではより良い条件のホテルは見つかっていないことになるので，① はあり得ない。また，男性はそもそもホテルの予約をしていないので，② も誤りである。

主な語句・表現
◇ reserve ...「…を予約する」
◇ hot spring「温泉」
◇ most likely to −「−する可能性が最も高い」
◇ option「選択肢」

問17 　17　 正解 ④

放送内容
M：My American host family is coming to Japan next week.
W：How nice!

— 英L 46 —

M : Unfortunately, our house is too small for them to stay there.
W : We have a room nobody's using. They can use it.
M : I appreciate it, but there are six of them!
W : Oh, no! That's far too many!

全訳

男性：僕のアメリカでのホスト・ファミリーが来週来日するんだ。
女性：素敵ね！
男性：残念なことに，彼らを泊めるには我が家は狭すぎるんだよ。
女性：私たちの家には，誰も使っていない部屋があるわよ。使ってもらって構わないけど。
男性：それはありがたいんだけど，でも全部で6人なんだ！
女性：あらまあ！　それはあまりに多すぎだわ！

　（質問）　たぶん女性は次に何をするだろうか。

　　①　彼と一緒に泊まることを約束する。
　　②　日本訪問を提案する。
　　③　彼の援助に感謝する。
　　④　お役に立ちたいという申し出を引っ込める。

設問解説

　正解は④。
　　女性の次の行動が問われているので，彼女の発言に注意すると，2つ目の発言で「家には誰も使っていない部屋があるので，そのホスト・ファミリーに使ってもらって構わない」と述べ，彼らへの宿泊先の提供を申し出ている。しかし，それに続く男性の発言の「合計6名」を聞いて，女性は最後の発言で「それはあまりに多すぎだ」と驚いている。それはつまり，「6名は人数があまりに多すぎで，さすがに我が家の空き部屋に宿泊してもらうわけにはいかない」という内容を伝えていると考えられる。その内容を表す④が正解となる。withdraw は「取り消す；撤回する」の意味。またこの help は，具体的には来日するホスト・ファミリーに宿泊用の部屋を提供することだと考えられる。
　　①の「彼女が彼と一緒に宿泊する」という内容は，この会話の展開から程遠いものである。②は女性から「来日の提案」をするということだが，男性の発言から，ホスト・ファミリーは来週の来日をすでに決めていることがわかる。③はそもそも「自ら宿泊先として使ってくれるように申し出た女性が男性の援助に感謝する」という内容がおかしい。

主な語句・表現

◇ unfortunately「残念ながら；あいにく」
◇ small「〈大きさの点で〉狭い；小型の」
◇ appreciate ...「…をありがたく思う」
◇ six of them「彼ら6人」　来日するのは「6人家族」ということを表す。
◇ far too ...「あまりに…すぎる」　far は too ... を強調する。

第4問

解答

A　問18～21　　18 ③　　19 ①　　20 ④　　21 ②　　（完答で4点）
　　問22～25　　22 ②　　23 ③　　24 ④　　25 ③　　（各1点）
B　問26 － ③　　　　　　　　　　　　　　　　　　　　　（4点）

出題のねらい

A　必要な情報を聞き取り，分類や並べ替えをすることを通じて，話し手の意図を把握する力を問う問題です。

出典

Original Material

問18～21　正解　18 ③ → 19 ① → 20 ④ → 21 ②

放送内容

　Yesterday, my mother asked me to buy a cake for the party. I went to the bank first to withdraw some money. Arriving in front of the patisserie, I found I didn't have one of my gloves. I must have lost it on the way, because I remember taking it off to use the ATM in the bank. Going back along the same route, I looked desperately for it. Those gloves are my favorites. After spending almost an hour searching in vain, I felt disappointed and embarrassed, which made me forget to buy the cake. I got home to find the party had already started.

全訳

　昨日，母はパーティーのためにケーキを1つ買ってくるようにと私に頼みました。私は，お金をおろすため最初に銀行に行きました。洋菓子店の前に着いた時，手袋を片方していないことに気がつきました。途中で落としたに違いありません。なぜなら，銀行で手袋を外してATMを利用したことを覚えているからです。元来た同じ道を戻りながら，私は必死になって手袋を探しました。その手袋は私のお気に入りのものだからです。1時間近く探して無駄に終わってから，私はがっかりし，困ってしまい，それでケーキを買うのを忘れてしまいました。家に帰ると，パーティーは既に始まっていました。

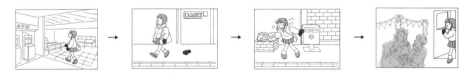

設問解説

正解は ③ → ① → ④ → ②。

　女子学生が母親から当日のパーティー用のケーキを買うように頼まれる。最初に銀行に行ってお金をおろして洋菓子店に向かったところまではよかったが，そこでお気に入りの手袋を片方失くしたことに気付く。慌てて元来た道を戻り1時間近く探すも見つからず，落胆し，困ってしまい，挙句の果てにケーキを買い忘れてしまった。家に帰るとパーティーが既に始まっていた。これが1日の行動の流れである。

　したがって，③ → ① → ④ → ② が正解。

主な語句・表現

◇ withdraw「（銀行のATMなどで）お金をおろす」
◇ patisserie「洋菓子店」
◇ ATM（Automated Teller Machine）「（銀行などの）現金自動預け入れ払い出し機」
◇ desperately「必死に」　　　◇ favorite「お気に入りのもの」
◇ in vain「無駄に」

問 22 ～ 25　正解　| 22 | ②　　| 23 | ③　　| 24 | ④　　| 25 | ③

放送内容

　　These are the new fishing courses I'm offering this summer.　As you can see, the price column is blank.　Could you fill in the blanks for me?　The prices depend on the amount of time.　For fishing up to 60 minutes, it's ＄40.　For fishing up to 90 minutes, it's ＄60.　And ＄10 is charged for each half hour after 90 minutes, even if people just use part of the time.

全　訳

　　これは，この夏提供する予定の新しい釣りコースよ。見ての通り，価格欄が空白になっているね。私の代わりにその空欄に記入してくれるかな？　価格は時間で決まる。60分までの釣りは，40ドル。90分までの釣りは，60ドル。それから，90分を超過すると，30分ごとに，たとえその一部分だけ使っても，10ドルが課されるのよ。

①　20ドル　　②　40ドル　　③　60ドル　　④　70ドル　　⑤　80ドル

レベル	コース		価格
初心者	コース1	50分	22
	コース2	80分	23
初　級	コース3	70分	
	コース4	100分	24
上　級	コース5	90分	25
	コース6	120分	

設問解説

| 22 |　**正解②**

　　第5文（For fishing up to 60…）に，60分までの釣りは40ドルとある。よって正解は40ドルの②である。

| 23 |　**正解③**

　　第6文（For fishing up to 90…）に，90分までの釣りは60ドルとある。よって正解は60ドルの③である。

| 24 |　**正解④**

　　最終文（And ＄10 is…）に，90分を超過した釣りの価格について「30分ごとに，たとえその一部分だけ使っても，10ドルが課される」とある。100分の釣りは，10分の超過ということだが，30分超過と同様に10ドルが課される。よって，90分までの60ドルに超過時間分の10ドルを加えた④の70ドルが正解となる。

| 25 |　**正解③**

　　| 23 | と同様，第6文から，60ドルの③が正解である。

— 英 L 49 —

主な語句・表現

◇ offer ...「…を提供する」 ここでは「近い未来の予定」を表すために，現在進行形になっている。
◇ as you can see「見ての通り」
◇ column「欄」
◇ blank 形「空白の」 名「空欄；空所」
◇ fill in ...「…に記入する」
◇ up to ...「（数値などが）…まで；…に達して」 後に続く数値が含まれることに注意。
◇ A be charged for B「Aに対してBが課される」 charge A for B「Aに対してBを課す」
の受動態。
◇ even if ...「たとえ…でも」

出題のねらい

B 全体で170語程度からなる4つの発話を聞いて，それらの中で最も条件に合うホテルを選ぶ形式で，複数の情報を正確に聞き取り整理できるかを問う問題です。英語の非母国語話者の発話が入るのも，この問題の特徴の1つです。

出典

Original Material

問26 ┃ 26 ┃ 正解 ③

放送内容

1 I recommend the Blue Ocean Hotel. Our hotel has a large dining room and you can eat dishes made with local ingredients. All of our rooms have very nice ocean views. There is no gym, but you can enjoy hiking nearby.

2 Please stay at the Green Tree Park! Our hotel has a large pool and gym. Also, our hotel is at the foot of a mountain, and you can do many fun outdoor activities surrounded by nature. You can choose French or Italian cuisine.

3 Please choose the Silver Rock Resort. The resort is in a magnificent natural location and our grounds are also filled with plants. We serve homemade food using local ingredients. There is also a little gym, so you can get some exercise.

4 You should stay at the White Lake Lodge. There is a shopping mall near our hotel, and you can buy many things at a discount there. It is also very easy to get downtown. We have a well-equipped gym. We serve Italian and Japanese food.

全訳

1 ブルー・オーシャン・ホテルをお勧めします。当ホテルには大きなダイニングルームがあり，地元の食材を使った料理が食べられます。当ホテルのすべての部屋から素敵な海が見えます。スポーツジムはありませんが，近くでハイキングが楽しめます。

2 グリーン・ツリー・パークにぜひご滞在ください！ 当ホテルには大きなプールとスポーツジムがあります。また，当ホテルは山のふもとにあるので，自然に囲まれた中でたくさんの楽しい野外活動ができます。フランス料理かイタリア料理が選べます。

3 シルバー・ロック・リゾートをお選びください。当リゾートは壮大な自然環境の中にあり，敷地もまた様々な植物にあふれています。私たちは地元の食材を使った家庭料理をお出ししています。ちょっとしたスポーツジムもあるので，運動もできます。

— 英L 50 —

4　ホワイト・レイク・ロッジにご滞在ください。当ホテルの近くにショッピングモールがあり，そこでは割引価格で多くの品を買うことができます。また，繁華街にも大変行きやすいです。設備の整ったスポーツジムがあります。イタリア料理や日本料理をお出ししています。

　　① 　ブルー・オーシャン・ホテル
　　② 　グリーン・ツリー・パーク
　　③ 　シルバー・ロック・リゾート
　　④ 　ホワイト・レイク・ロッジ

設問解説

① 　不正解。
　「ブルー・オーシャン・ホテル」の従業員から4つの情報が提示されている。第1の「大きなダイニングルームがある」はどの条件にも当てはまらない。第2の「地元の食材を使った料理が味わえる」は，Bの条件（地元の料理が楽しめる）に当てはまる。第3の「全室から海が見える」は，Aの条件（近くに自然がある）に当てはまる。第4の「スポーツジムはないがハイキングが楽しめる」は，Cの条件（スポーツジムがある）に当てはまらない。以上より，Cの条件が欠けているため不正解である。

② 　不正解。
　「グリーン・ツリー・パーク」の従業員から3つの情報が提示されている。第1の「大きなプールとスポーツジムがある」は，Cの条件（スポーツジムがある）に当てはまる。第2の「自然の中で野外活動ができる」は，Aの条件（近くに自然がある）に当てはまる。第3の「フランス料理かイタリア料理が選べる」は，Bの条件（地元の料理が楽しめる）に当てはまらない。以上より，Bの条件が欠けているため不正解である。

③ 　正解。
　「シルバー・ロック・リゾート」の従業員から3つの情報が提示されている。第1の「雄大な自然に囲まれている」は，Aの条件（近くに自然がある）に当てはまる。第2の「地元の食材を使った家庭料理が味わえる」は，Bの条件（地元の料理が楽しめる）に当てはまる。第3の「スポーツジムがある」は，Cの条件（スポーツジムがある）に当てはまる。以上より，すべての条件を満たすため，正解である。

④ 　不正解。
　「ホワイト・レイク・ロッジ」の従業員から4つの情報が提示されている。近くの環境については，第1の「近くにショッピングモールがある」，第2の「繁華街が近い」と2点述べられているが，これらは，Aの条件（近くに自然がある）に当てはまらない。第3の「スポーツジムがある」は，Cの条件（スポーツジムがある）に当てはまる。第4の「イタリア料理や日本料理が味わえる」は，Bの条件（地元の料理が楽しめる）に当てはまらない。以上より，AとBの条件が欠けているため不正解である。

主な語句・表現

◇ recommend ...「…を勧める」
◇ dining room「ダイニングルーム；（家・ホテルの）食堂」
◇ local「その土地の」
◇ ingredient「（料理などの）材料」
◇ nearby「近くで」
◇ at the foot of ...「…のふもとに」
◇ outdoor「屋外の」

― 英 L 51 ―

◇ cuisine「料理」
◇ resort「行楽地のホテル」
◇ magnificent「壮大な」
◇ location「位置；立地」
◇ be filled with ...「…で満ちている」
◇ serve ...「（食事）…を出す」
◇ homemade「自家製の」
◇ downtown「町の中心部［繁華街］へ」
◇ well-equipped「設備の整った」

第5問

解答

問27 - ⑥				（3点）
問28～31	28 ①		29 ②	（完答で3点）
	30 ④		31 ③	（完答で3点）
問32 - ①				（3点）
問33 - ②				（3点）

出題のねらい

320語程度の社会的な話題に関する講義を聞いて（今回は「世界の都市人口と農村人口の変化」がテーマ），ワークシートを完成させたり，内容一致問題に答えることを通じて，概要や要点をとらえる力を問う問題です。さらには問33では，聞き取った情報と，図表から読み取れる情報を組み合わせて判断する力が問われています。

出典

Original Material

放送内容

［講義］

　　Now, let's see how rural and urban populations in the world have changed. The rural population has grown slowly since 1950 and is now close to 3.4 billion. In 2018, India had the largest rural population, followed by China. With the whole growth of the world population, the rural population will increase for some time, but it will probably reach its peak in a few years and then decline to 3.1 billion by 2050.

　　How about the urban population? That accounts for 55% of the world's population today. The most urbanized regions are North America, Latin America, and the Caribbean area, where more than 80% of the people are urban dwellers. In contrast, only half the population of Asia and 43% of people in Africa live in urban areas. However, the proportion of the urban population is expected to rise to 69% in 2050. That means more than two thirds of the world population will live in cities.

　　As the world continues to urbanize, it is crucial to successfully manage the possible problems caused by rapid urbanization. This is especially important in countries like India, China, and some African countries, where the pace of urbanization will surely be the fastest. They have to meet the needs of their growing urban populations, including housing, transportation, and other infrastructure, as well as basic services such as education and health care.

　　Meanwhile in some cities in Japan and South Korea, the population had started to shrink by 2018 mainly because of the declining birthrate. It is estimated the population of these cities will have further declined by 2050.

［講義（続き）］

　　The world is experiencing accelerating urbanization today. Along with the overall increase in the world population, another 2.5 billion people will be urban residents by 2050. It is vital to ensure sustainable growth in the rapidly urbanizing world.

全訳

［講義］

　　さて，世界の農村人口，都市人口がどのように変化してきたかを見てみましょう。農村人口は1950年からゆっくり増加してきて，現在は34億人近くになっています。2018年には，インドが最大の農村人口を抱えており，中国がそれに続いていました。世界人口全

— 英L 53 —

体の増加に伴い，農村人口もしばらくは増加するでしょうが，数年のうちにおそらくピークを迎え，その後減少し2050年までに31億人になるでしょう。

都市人口はどうでしょうか？　今日，都市人口は世界の人口の55%を占めています。最も都市化の進んだ地域は北アメリカ，ラテンアメリカおよびカリブ海地域で，人口の80%を超える人々が都市に住んでいます。対照的に，アジアでは人口の半数，アフリカでは43%の人々しか都市部に住んでいません。しかしながら，都市人口の割合は2050年には，69%に上昇すると予測されています。ということは，世界の人口の3分の2を超える人が都市に住むようになるのです。

世界が都市化していく際，急速な都市化によって生じる可能性のある問題をうまく処理することが肝要です。このことはインド，中国そして一部のアフリカ諸国といった国々にとって，特に重要です。というのは，これらの国々では確実に都市化のスピードが最も速くなるからです。こうした国々は，教育や保健のような基本的なサービスに加え，住宅，交通やその他のインフラを含めて，増大する都市人口の需要を満たさなければならないのです。

一方，日本や韓国では，主に出生率の低下のため，2018年までに人口が減少し始めた都市もあります。これらの都市の人口は2050年までにさらに減少していると予測されます。

[講義（続き）]

今日，世界は加速度的な都市化を経験しています。世界人口の全般的な増加とともに，2050年までに新たに25億人が都市住民になるでしょう。急速に都市化する世界においては，持続的な成長を確かなものにすることが非常に重要なのです。

設問解説　　問27〜31はワークシートの空欄を補う問題である。ワークシートは講義を聞きながら取るメモのようなものなので，完全な文で書かれてはいない。メモの意味を考えながら，講義の内容と一致するように必要な情報を補っていかなければならない。

[ワークシート]

○　**予測される農村人口の変化**

2019 － 2050　　　　　　農村人口

世界人口の伸び　　　　　| 2019年： ☐☐☐☐ 百万人 |
＋都市化　　　　　　　　　　　　　　　　　　　⇒ 全般的な結果 ☐27☐

　　　　　　　　　　　　| 2050年： ☐☐☐☐ 百万人 |

○　**地域ごとの都市化**

地域	国	近年の都市 / 農村人口 ①都市 か ②農村	2050年までの都市人口の変化 ③増加 か ④減少
南北アメリカ / カリブ海地域		☐28☐ 人口 = 80%超	
アジア	インド / 中国	☐29☐ 人口 = 世界最多	増加
	日本 / 韓国	都市人口 = 一部の都市で減少開始	一部の都市で = ☐30☐
アフリカ		都市人口 = 43%	☐31☐

問27 　27　 正解 ⑥

① 300万人の増加　　② 300万人の減少
③ 3000万人の増加　　④ 3000万人の減少
⑤ 3億人の増加　　　　⑥ **3億人の減少**

正解は⑥。
　第1段落第2文（The rural population ...）から，現在の世界の農村人口は約34億人であることがわかる。同段落最終文（With the whole ...）によれば，2050年には農村人口が31億人に減少すると予想されている。したがって予測される変化は，およそ3億人の減少ということになる。

問28〜31　正解 　28　 ①　　　29　 ②　　　30　 ④　　　31　 ③

① 都市の　　　② 農村の　　　③ 増加　　　④ 減少

　ワークシートの表は，世界の各地域の都市化の近年の状況と2050年に予測される状況を示している。
　　28　は南北アメリカおよびカリブ海地域の状況に関するものである。第2段落第3文（The most urbanized ...）で，この地域では「人口の80%を超える人が都市に住んでいる」と述べられているので，①の「都市（の）」が入る。
　　29　はインドおよび中国の状況に関するものである。第1段落第3文（In 2018, India ...）で，「インドが最大の農村人口を抱えており，中国がそれに続いていた」と述べられているので，②の「農村（の）」が入る。
　　30　は日本および韓国の一部の都市についての記述であるが，最終段落最終文（It is estimated ...）で，「これらの都市の人口は2050年までにさらに減少していると予測される」と述べられているので，④の「減少」が入る。
　　31　はアフリカについての記述であるが，第3段落第2文（This is especially ...）で，一部のアフリカ諸国について「確実に都市化のスピードが最も速くなる」と述べられていることから，③の「増加」が入る。

問32 　32　 正解 ①

① **将来は都市に住んでいる人はもっと多くなるだろう。**
② 将来は農村地域から都市へ移転する人がもっと多くなるだろう。
③ 都市化によって国家間の格差はさらに広がるだろう。
④ 都市化によって持続的成長を追求するのが容易になるだろう。

正解は①。
　第2段落で，今日世界人口の55%を占める都市人口が，2050年には69%にまで増加すると述べられているので，①が正しい。
　「都市人口が増える」原因は，「農村地域からの移転」であるとは述べられていないので，②は誤りである。また，「都市化によって国家間の格差が広がる」とは述べられていないので，③も誤りである。④のような内容は前半の講義では述べられていないので，誤りである。

— 英L 55 —

問33 33 正解 ②

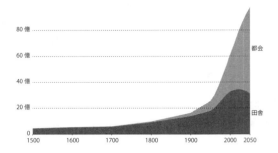

※グラフは『Urban and rural population projected to 2050, World (Our World in Data)』をもとに作成。

① 経済的な機会がより多いために人々は大都市に引きつけられてきた。
② 急速な都市化のために人々は解決すべき問題を多く抱えることになるだろう。
③ 急速な都市化は19世紀の初頭に始まった。
④ 都市化は地球環境に深刻な脅威をもたらさない。

正解は②。

「都市化が急速に進む」という見通しについては，グラフを見れば明白である。それについて講義では，前半の第3段落で，都市化によって引き起こされる可能性のある諸問題が述べられており，講義の続きでも，「持続的な成長を確かなものにすることが非常に重要である」と，課題が提示されている。したがって②が正しい。

①および④については講義で言及されず，グラフからも読み取れない。また，グラフを見ると，急速な都市化が始まるのは20世紀の後半であることがわかるので，③も誤りである。

主な語句・表現
[講義]

◇ rural「田舎の」
◇ urban「都市の」
◇ billion「10億」
◇ followed by ...「…が後に続く」
◇ decline「減少する」
◇ account for ...「…を占める」
◇ urbanize「都市化する」 名詞形は urbanization。
◇ Latin America「中南米；ラテンアメリカ」
◇ Caribbean「カリブ海の」
◇ dweller「住民；居住者」
◇ in contrast「対照的に」
◇ proportion「割合」
◇ crucial「きわめて重要な」
◇ manage ...「…を管理する［運営する］」
◇ transportation「交通機関」
◇ infrastructure「基盤となる施設；インフラ」
◇ health care「保健」
◇ meanwhile「一方；それに対し」
◇ shrink「縮小する」
◇ birthrate「出生率」

◇ estimate ...「〈統計的に〉…と予測する」
◇ further「さらなる」

[講義（続き）]

◇ accelerating「加速している」　動詞 accelerate の現在分詞形。
◇ overall「全部の；総合的な」
◇ resident「住民；居住者」
◇ vital「きわめて重大な；死活にかかわる」
◇ sustainable growth「持続的成長」

第6問

解答	A	問34 − ①	問35 − ②	(各3点)
	B	問36 − ②	問37 − ③	(各4点)

出題のねらい　A　学生が遭遇する可能性が十分にある状況に関わる130語程度の会話を聞いて，話者の発話の要点を選ぶことを通じ，必要な情報を把握する力を問う問題です。

出典　*Original Material*

問34 34 正解①　問35 35 正解②

放送内容

［設問解説のために，通し番号をふってあります］

① Naomi：Hi, James. Are you reading a book again?

② James：Hi, Naomi. I know you think it's a waste of time, but I can't help it.

③ Naomi：You know, in the twenty-first century, you no longer need to read books to learn things. You can look up anything you want online, anytime you want.

④ James：Well, I don't read books just to learn things. I also read books because I love the feel of it.

⑤ Naomi：Um … I don't understand. What do you mean?

⑥ James：Well, I feel like I'm really reading, unlike when I read something on an electronic screen.

⑦ Naomi：Oh, I've got it! You mean you love the feel of *paper* books.

⑧ James：Yeah. That's an entirely different experience from reading e-books.

⑨ Naomi：I see. That's the kind of thing my grandparents would say, though.

全訳

①ナオミ　　：こんにちは，ジェームス。また本を読んでいるの？

②ジェームス：やあ，ナオミ。そんなことをしても時間の無駄だって君が思っているのは知っているけど，やめられないんだよ。

③ナオミ　　：あのね，21世紀には物事を学ぶためにもう本を読む必要なんてないのよ。インターネット上で，知りたいことを何でも，知りたいときにいつでも調べられるでしょ。

④ジェームス：うーん，僕は単に物事を学ぶためだけに本を読んでいるわけではないんだよ。僕が本を読むのはその感触が大好きだからでもあるんだ。

⑤ナオミ　　：えーっと。私にはわからないわね。どういう意味？

⑥ジェームス：そうだなあ，電子画面で何かを読んでいるときとは違って，本当に読んでいる感じがするんだよね。

⑦ナオミ　　：ああ，わかったわ！　あなたは紙の本の感触が好きだってことね。

⑧ジェームス：そうなんだ。電子書籍を読んでいるのとは全く異なった経験なんだよ。

⑨ナオミ　　：なるほどね。でもそれって，私の祖父母が言いそうなことだけどね。

設問解説

問34　（質問）　ナオミの主張の中心は何か？

① 本を読むことは時代遅れになりつつある。

② 本を読むことは人々が思う以上に楽しい。

③ 本を読むことは物事を学ぶ最善の方法だ。

— 英 L 58 —

④　本を読むことは最近はお金がかかりすぎる。

正解は**①**。

　　セリフ③で，ナオミは「21世紀には物事を学ぶためにもう本を読む必要なんてないのよ。インターネット上で，知りたいことを何でも，知りたいときにいつでも調べられるでしょ」と述べており，さらにセリフ⑨では，紙の本を読むことと電子書籍を読むことは全く違うというジェームスの発言に対して「それって，私の祖父母が言いそうなことだけどね」と述べていることから，正解は**①**。他の選択肢は，いずれもナオミのセリフの中にそれらに該当する内容は含まれず，誤り。

問35　（質問）　ジェームスの主張の中心は何か？

　　①　インターネット上で情報を探すのは効率がよい。
　　❷　印刷された本を読むのはとても気持ちがよい。
　　③　人々は電子書籍について複雑な感情を抱いている。
　　④　人々は物事を学ぶのに本を読むべきだ。

正解は**❷**。

　　セリフ④で，ジェームスは「僕が本を読むのはその感触が大好きだからでもあるんだ」と述べており，さらにセリフ⑦でナオミが「あなたは紙の本の感触が好きだってことね」と述べたのに対して，セリフ⑧でジェームスは「そうなんだ。電子書籍を読んでいるのとは全く異なった経験なんだよ」と述べていることから，正解は**❷**。①と③は，いずれもジェームスのセリフの中には該当する内容は含まれず，誤り。④は，セリフ④でジェームスは物事を学ぶために本を読むことが自分にはあるということを述べているが，そうすべきだとは述べていないし，またそれが彼の主張の中心とも言えず，誤り。

主な語句・表現

◇ a waste of time「時間の無駄」
◇ cannot help it「どうしようもない；やめられない」
◇ no longer ...「もはや…ない」
◇ look up ...「…を調べる」
◇ online「インターネット上で」
◇ just to –「単に–するためだけに」
◇ the feel of ...「…の感触；…の感じ」
◇ feel like SV「ＳＶのように感じる」
◇ unlike ...「…と異なって」
◇ electronic screen「電子画面」
◇ I've got it.「わかった」
◇ e-book「電子書籍」
◇ I see.「なるほど」
◇ the kind of thing ... would –「…が–しそうなこと」
◇ ..., though「…だけれども」
◇ old-fashioned「時代遅れの」
◇ these days「最近は」
◇ efficient「効率のよい」
◇ printed「紙に印刷された」
◇ mixed「複雑な」

— 英L 59 —

| 出題のねらい | B　260語程度の議論を聞いて，それぞれの話者の立場を判断する問題です。さらに，意見を支持する図表を選ぶことを通じて，必要な情報を統合し，要点を整理，判断する力が問われています。 |

| 出　典 | *Original Material* |

問36　 36 　正解 ②　　問37　 37 　正解 ③

| 放送内容 |

［設問解説のために，通し番号をふってあります］
① Mr. McDonald : Thanks for your presentation, Thomas. I think you've shown clearly that there is a connection between people's incomes and reading habits.
② Thomas　　　 : Absolutely. All the research shows that the more people read, the higher their incomes tend to be. So if you want to be rich, you should read as much as possible.
③ Mr. McDonald : Interesting. Yes, Olivia?
④ Olivia　　　 : I think we have to analyze what kinds of things people actually read. Nowadays "reading" can mean many different things.
⑤ Mr. McDonald : A good point. Yes, Sara?
⑥ Sara　　　　 : Actually, I wonder about what my brother reads. He's always reading something on his smartphone. Sometimes it's a news report or an online novel. But most of the time, he's just reading people's tweets or comments on social media. Do they also count as reading activities?
⑦ Mr. McDonald : For someone from an older generation like me, they definitely don't. How about you, Thomas?
⑧ Thomas　　　 : I think they do.
⑨ Mr. McDonald : Really? I thought you had a more conservative view on this topic.
⑩ Thomas　　　 : Well, the research also shows that people with higher incomes not only read more, but are most likely to read things out of pure curiosity, rather than out of necessity. To me, that includes those types of activities.
⑪ Olivia　　　 : Well, I can't agree with you, Thomas. Everyone knows reading things on social media is done just to get information. That is totally different from the purpose of real reading activities.
⑫ Mr. McDonald : Okay, Olivia. What do *you* think, Sara?
⑬ Sara　　　　 : I don't know what to say. I'll wait and see if my brother becomes rich someday.
⑭ Thomas　　　 : Don't worry, Sara. I'm sure he will.

| 全　訳 |

①マクドナルド先生：発表をありがとう，トーマス。人々の収入と読書習慣の間に関連性があるということを君は明確に示したと思います。
②トーマス　　　　：間違いありません。読書をすればするほど人々の収入はその分高くなる傾向があることを，あらゆる調査が示しています。ですからもし金持ちになりたいのなら，可能な限りたくさん読書すべきなんです。
③マクドナルド先生：興味深いですね。はい，オリビア？
④オリビア　　　　：どんな類いのものを人々が実際に読んでいるのかを我々は分析する必

— 英 L 60 —

要があると思います。最近では「読書」といっても多くの様々なもの
を意味することがあります。

⑤マクドテルド先生：よい指摘ですね。はい，サラ？

⑥サラ　　　　　：実際，うちの兄が読むものはどうなのでしょうか。彼はいつもスマー
トフォンで何かを読んでいるんです。時にはニュース記事だったりイン
ターネット小説だったりすることもあります。でもたいていは，た
だソーシャルメディアで人々のツイートとかコメントとかを読んでい
るだけなんです。そういうのも読書活動とみなされるのでしょうか？

⑦マクドナルド先生：私みたいに古い世代の人間にとっては，そういうのは絶対に読書とは
みなされないですね。君はどうですか，トーマス？

⑧トーマス　　　：自分はみなされると思います。

⑨マクドナルド先生：本当に？　この件について君はもっと保守的な考え方をすると思って
いましたよ。

⑩トーマス　　　：えっと，調査によると，高収入の人々は単にたくさん読書をするだけ
でなく，必要に迫られてというよりも純粋な好奇心から読書をする可
能性がもっとも高いということも示されているんです。自分には，そ
の中にはそういったタイプの活動も含まれますので。

⑪オリビア　　　：あのー，私はあなたに賛成できないわ，トーマス。ソーシャルメディ
アでものを読むことが単に情報を得るためだけになされるのは誰でも
知っているでしょ。それって，本当の読書活動の目的とは全く違うわ
よ。

⑫マクドナルド先生：わかりました，オリビア。君はどう思いますか，サラ？

⑬サラ　　　　　：何と言ったらよいのか私にはわかりません。うちの兄がいつか裕福に
なるのかどうか待ってみます。

⑭トーマス　　　：心配いらないよ，サラ。きっと彼はなると思うよ。

設問解説　問36　|　36　|　正解②

① 　マクドナルド先生
② 　トーマス
③ 　マクドナルド先生とオリビア
④ 　マクドナルド先生とトーマス
⑤ 　マクドナルド先生，オリビア，サラ
⑥ 　トーマス，オリビア，サラ

正解は②。
　セリフ⑥で，サラがソーシャルメディア上でツイートやコメントを読むことに関して「そ
ういうのも読書活動とみなされるのでしょうか」と質問したのに対して，まずマクドナル
ド先生は，続くセリフ⑦で「そういうのは絶対に読書とはみなされない」と述べている。
次にトーマスは，続くセリフ⑧で「自分はみなされると思います」と述べている。オリビ
アは，セリフ⑪で「ソーシャルメディアでものを読むことが単に情報を得るためだけにな
されるのは誰でも知っているでしょ。それって，本当の読書活動の目的とは全く違うわよ」
と述べている。最後に，サラは，セリフ⑬で「何と言ったらよいのか私にはわかりません」
と述べて態度を保留している。以上より，ソーシャルメディアで何かを読む行為を読書と
認めているのは，トーマスのみということになる。

— 英 L 61 —

問37 　37　 正解 ③

①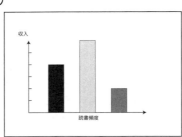

②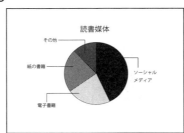

③

④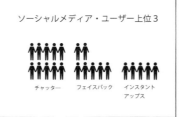

正解は ③。

　セリフ⑩で，トーマスは「調査によると，高収入の人々は単にたくさん読書をするだけでなく，必要に迫られてというよりも純粋な好奇心から読書をする可能性がもっとも高いということも示されている」と述べていることから，正解は ③ とわかる。① は，セリフ②で，トーマスは読書量と収入の間には正比例の関係がある趣旨を述べているが，グラフは正比例を示しておらず，誤り。② と ④ は，いずれもそれらに該当する内容はトーマスの発言の中には含まれず，誤り。

主な語句・表現

◇ presentation「発表」
◇ clearly「明確に」
◇ connection「関連性」
◇ income「収入」
◇ reading habit「読書習慣」
◇ absolutely「絶対に」
◇ research「研究；調査」
◇ tend to -「-する傾向がある」
◇ as ... as possible「可能な限り…」
◇ analyze ...「…を分析する」
◇ actually「実際に」
◇ wonder about ...「…について思いを巡らす；…はどうなのか」
◇ news report「ニュース記事」
◇ online novel「インターネット小説」
◇ most of the time「たいていの場合」
◇ tweet「ツイート；つぶやき」
◇ comment「コメント；論評」
◇ social media「ソーシャルメディア」

◇ count as ...「…とみなされる」
◇ reading activity「読書行為；読書活動」
◇ generation「世代」
◇ definitely「絶対に；間違いなく」
◇ How about ... ?「…はどうか」
◇ conservative「保守的な」
◇ view「見方；意見」
◇ topic「話題；テーマ」
◇ be likely to -「-しがちな；-する可能性が高い」
◇ out of ...「…から」 動機・原因を表す。
◇ pure「純粋な」
◇ curiosity「好奇心」
◇ rather than ...「…というよりはむしろ；…ではなく」
◇ necessity「必要（性）」
◇ include「…を含む」
◇ agree with ...「…に賛成する」
◇ totally「完全に；まったく」
◇ purpose「目的」
◇ what to say「何と言うべきか」
◇ see if ...「…かどうか確かめる」
◇ someday「いつの日にか」
◇ I'm sure ...「きっと…だと思う」

第 3 回　実戦問題　解答・解説

英語（リスニング） 第3回 （100点満点）

（解答・配点）

問題番号（配点）	設問		解答番号	正解	配点	自己採点欄	問題番号（配点）	設問		解答番号	正解	配点	自己採点欄
第1問（25）	A	1	1	③	4		第4問（12）	A	18	18	③	4*	
		2	2	④	4				19	19	①		
		3	3	④	4				20	20	④		
		4	4	③	4				21	21	②		
	B	5	5	③	3				22	22	④	1	
		6	6	①	3				23	23	③	1	
		7	7	④	3				24	24	⑤	1	
小　計									25	25	⑤	1	
第2問（16）		8	8	③	4			B	26	26	②	4	
		9	9	②	4		小　計						
		10	10	①	4		第5問（15）		27	27	④	3	
		11	11	③	4				28	28	②	3*	
小　計									29	29	①		
第3問（18）		12	12	①	3				30	30	③	3*	
		13	13	④	3				31	31	④		
		14	14	①	3				32	32	③	3	
		15	15	③	3				33	33	③	3	
		16	16	③	3		小　計						
		17	17	②	3		第6問（14）	A	34	34	④	3	
小　計									35	35	③	3	
（注）　＊は，全部正解の場合のみ点を与える。								B	36	36	②	4	
									37	37	②	4	
							小　計						
							合　計						

— 英 L 66 —

第1問

解答					
A	問1 - ③	問2 - ④	問3 - ④	問4 - ③	(各4点)
B	問5 - ③	問6 - ①	問7 - ④		(各3点)

出題のねらい

A　身の回りの事柄に関して平易な英語で話される短い発話を聞いて,「話者の言いたいこと」を把握する力を問う問題です。

出典

Original Material

問1　　1　　正解 ③

放送内容

I'm sorry, Mom. I took a bowl of spaghetti upstairs and spilled it on the carpet.

全訳

ごめんなさい, ママ。2階にスパゲッティを持って行って, カーペットにこぼしちゃった。

① 話し手は, スパゲッティを全部食べた。
② 話し手は, 2階でカーペットを掃除した。
③ **話し手は, 家で散らかした。**
④ 話し手は, キッチンで手助けを望んだ。

設問解説

正解は ③。
「(家の中で) スパゲッティをこぼした」という趣旨の発話なので, ③ が適切。ほかの選択肢の内容はこの趣旨に合致しないので, すべて不適切。

主な語句・表現

◇ spill「…をこぼす」

問2　　2　　正解 ④

放送内容

Excuse me, Mr. Tanaka. Could you repeat the information about the test next week?

全訳

すみません, 田中先生。来週のテストについてのお知らせを, 繰り返していただけませんか?

① 話し手は, 最近のテストの得点を聞かせてほしいと頼んでいる。
② 話し手は, 田中先生に情報を与えることを望んでいる。
③ 話し手は, 別の学生を手伝うと申し出ている。
④ **話し手は, 情報をもう一度聞くことを望んでいる。**

設問解説

正解は ④。
「(田中先生に対して) テストのお知らせを繰り返してほしい」という趣旨の発話なので, ④ が適切。ほかの選択肢の内容はこの趣旨に合致しないので, すべて不適切。

問3　　3　　正解 ④

放送内容

Jules left his sandwich at home, so he left the office to go to an Indian restaurant for lunch.

全訳

ジュールズは家にサンドイッチを置き忘れてきたので, 昼食にインド料理のレストランに行くために職場を出た。

— 英L 67 —

① ジュールズは，インドの食べ物を家から持ってきた。
② ジュールズは，勤務中に食事をするのを忘れた。
③ ジュールズは，サンドイッチを作るために職場を出た。
④ **ジュールズは，昼食のために職場から外に出た。**

設問解説

正解は④。
「昼食でレストランに行くために職場を離れた」という趣旨の発話なので，④が適切。ほかの選択肢の内容は趣旨に合致しないので，すべて不適切。

問4　4　正解 ③

放送内容

Monica forgot she had left her toy bear in the closet, so she looked almost everywhere in her house but couldn't find it.

全訳

モニカは，クローゼットの中に自分のおもちゃのクマを置いていたことを忘れていたので家の中のほとんどすべての場所を探したが，見つけられなかった。

① モニカは，自分がなくしたものを見つけるのに助けを求めた。
② モニカは，なくしたおもちゃのクマを見つけた。
③ **モニカは，家の中で自分の動物のおもちゃをなくした。**
④ モニカは，家のごく一部の場所を探した。

設問解説

正解は③。
「クローゼットに置き忘れていた自分のおもちゃのクマを，家中探し回ったが見つからなかった」という趣旨の発話なので，③が適切。ほかの選択肢の内容はこの趣旨に合致しないので，すべて不適切。

出題のねらい

B　身の回りの事柄に関して平易な英語で話される短い発話を聞いて，それに対応するイラストを選ぶことを通じて，発話内容を把握する力を測るとともに，文法が生きた知識として身についているかどうかを問う問題です。

出典

Original Material

問5　5　正解 ③

放送内容

The woman was relieved to hear the news that her son's injury was not so serious.

全訳

女性は，息子のけががあまり深刻でないという知らせを聞いて安心した。

設問解説

正解は③。
副詞用法の〈原因・理由〉を表す to 不定詞が用いられており，「…を聞いて安心した」

という意味になる。また，the news のあとに〈同格〉の that が用いられており，「けががあまり深刻でないという知らせ」という意味を表す。よって，息子のけがが深刻でなく，女性が安心している ③ が適切。

問6　6　正解 ①

(放送内容)　The woman got her husband to peel an apple for her.

(全訳)　女性は夫にリンゴの皮をむいてもらった。

(設問解説)　正解は ①。
〈get + 人 + to ...〉で「(人)に…してもらう」という使役の意味になり，リンゴの皮を男性がむいている ① が適切。

問7　7　正解 ④

(放送内容)　When the woman asked him about it, the man denied having eaten the cake.

(全訳)　女性が尋ねたとき，男性はケーキを食べたことを否定した。

(設問解説)　正解は ④。
「女性が尋ねたとき」から，② と ④ のイラストに絞られ，〈deny + 動名詞〉「…することを否定する」で「(男性は) 食べたことを否定した」という意味になるので，④ が適切。

第2問

解　答　問8 — ③　　問9 — ②　　問10 — ①　　問11 — ③　　　　　　　　　（各4点）

出題のねらい　身の回りの出来事に関する平易な会話を聞いて，その場面に合った内容のイラストを選ぶ形式で，会話の概要や要点を正しく把握できるかを問う問題です。

出　典　*Original Material*

放送内容

問8　⑧　正解 ③

M：Is that Professor Mori's office above the building's entrance?
W：No, it's two offices to the left.
M：Oh! That one on the top floor?
W：No. One floor below that.

Question：Where is Professor Mori's office?

全　訳

男性：建物の入り口の上のあちらがモリ教授の研究室ですか？
女性：いいえ，2つ左の研究室です。
男性：ああ！　最上階のあの研究室？
女性：いいえ。それよりも1階下よ。

質問：モリ教授の研究室はどこにあるか？

設問解説　正解は ③。

　大学の研究棟を正面から見ている状況で，男性が「建物の入り口の上のあちらがモリ教授の研究室ですか？」と尋ねると，女性が「2つ左の研究室」と応じ，さらに男性が「最上階のあの研究室？」と確認すると，女性が「それよりも1階下」と答えているので，③が適切で，ほかは不適切。

主な語句・表現

◇ office「（大学教員の）研究室」

問9　⑨　正解 ②

放送内容

M：Did you study for the test yesterday?
W：Yes. Eight hours, an hour more than I slept.
M：What else did you do?
W：I watched TV for two hours.

Question: How did the woman spend her time?

全訳

男性：昨日，テスト勉強をしたの？
女性：ええ。8時間よ，眠った時間よりも1時間多かったわ。
男性：ほかには何をしたの？
女性：テレビを2時間見たわ。

質問：女性はどのように時間を過ごしたのか？

設問解説

正解は②。

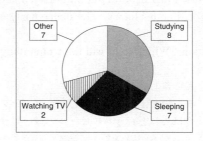

　女性は1日の過ごし方について，「8時間勉強して，眠った時間よりも1時間多かった」と述べていることから②か③に絞られる。ほかにしたこととして「テレビを2時間見た」という内容を述べているので，②が適切。ほかのグラフはこれに合致しないので，すべて不適切。

問10　　10　　正解①

放送内容

W：I'm hungry. I only had coffee for breakfast.
M：This café has big sandwiches. Their cakes and cookies are good, too.
W：I want to eat something sweet.
M：Oh, they're out of cookies.

Question：What will the woman probably order?

全訳

女性：お腹が空いたわ。朝食にコーヒーしか飲まなかったの。
男性：このカフェには大きいサンドイッチがあるよ。ケーキもクッキーもおいしい。
女性：何か甘い物が食べたいわ。
男性：あっ，クッキーは品切れだよ。

質問：女性はおそらく何を注文するだろうか？

設問解説

正解は①。

カフェで頼むものについて，男性が「サンドイッチ」「ケーキ」「クッキー」を紹介すると，女性が「何か甘い物が食べたい」と応答する。これに対して男性が「クッキーは品切れ」と述べていることから，①が適切で，ほかのイラストは，すべて不適切。

主な語句・表現

◇ out of ... 「（一時的に）…がなくなって，不足して」

問11　11　正解 ③

放送内容

W：How do you like my new dress?
M：It's beautiful! It matches your flowers and purse.
W：Now I just need to get high-heeled shoes to go with it.
M：You'd better hurry. The dance party is on Saturday.

Question：Which item will the woman buy for the dance party?

全訳

女性：私の新しいドレスはどう？
男性：美しいね！　きみの花とハンドバッグにぴったりだ。
女性：今はこれと合うハイヒールの靴を買う必要があるだけよ。
男性：急いだ方がいいよ。ダンスパーティーは土曜日だよ。

質問：女性はダンスパーティーのためにどの品物を買うだろうか？

設問解説

正解は ③。

パーティーで身につけるものについて，女性が最後に「今はこれと合うハイヒールの靴を買う必要があるだけよ」と言っていることから，③のイラストが適切で，ほかのイラストは，すべて不適切。

主な語句・表現

◇ go with ... 「…と調和する，つり合う」

第3問

解 答

問 12 － ①	問 13 － ④	問 14 － ①
問 15 － ③	問 16 － ③	問 17 － ②

(各3点)

出題のねらい　　身の回りの事柄に関して平易な英語で話される短い対話を，場面の情報を参考にしながら聞き取ることを通じて，概要や要点を目的に応じて把握する力を問う問題です。

出 典　　*Original Material*

問 12　　12　　正解 ①

放送内容
W：I'm sorry, but I can't go to the bookstore tomorrow.
M：That's OK. I can't either. My grandparents decided to visit us tomorrow.
W：Oh, really? I'm going to the beach with my cousins.
M：I'm free on Sunday. What are your plans?

全 訳
女性：ごめん，明日は本屋さんに行けないわ。
男性：大丈夫。僕も行けない。祖父母が明日，僕たちを訪ねて来ることになったんだ。
女性：あら，本当？　私は，いとこと海岸に行くの。
男性：日曜日は予定が空いているよ。きみの予定はどうかな？

（質問）　どういう状況か？

① 彼らは二人とも，最初の予定をキャンセルした。
② 彼らは二人とも，日曜日に店に行くことに決めた。
③ 男性はキャンセルしたが，女性はしなかった。
④ 女性はキャンセルしたが，男性はしなかった。

設 問 解 説　　正解は ①。
　　一緒に買い物に行くことについて，女性が最初の発言で「明日は本屋さんに行けないわ」と述べると，男性も「僕も行けない。祖父母が明日，僕たちを訪ねて来ることになったんだ」と応じていることから，① が適切で，③ と ④ は不適切。その後に続く会話で二人とも日曜日に本屋さんに行くと決定したわけではないので，② も不適切。

主な語句・表現　　◇ cousin「いとこ」

問 13　　13　　正解 ④

放送内容
M：So if you're interested in the ocean, I can recommend some books, Miho.
W：Please, Mr. Walters! I saw a documentary movie about dolphins, so I want to learn more.
M：Well, there's also a student summer program with ocean scientists.
W：That sounds great! I'll ask my parents if I can take part in it.

全 訳
男性：じゃあ，きみが海洋に関心があれば，何冊か本を勧めてあげるよ，ミホ。
女性：ぜひお願いします，ウォルターズ先生！　私はイルカに関するドキュメンタリー映画を見たので，もっと知りたいと思います。

― 英 L 73 ―

男性：そうだな，海洋科学者と一緒に参加する学生のサマープログラムもあるよ。
女性：それはすごい！　両親に私が参加してよいか聞いてみます。

（質問）　　ミホはどのようにして海洋に関心を持ったか？

① サマープログラムに参加することによって。
② 本を読むことによって。
③ ウォルターズ先生と話すことによって。
④ 映画を見ることによって。

設問解説

正解は④。
　　女性（ミホ）が海洋について興味を持った理由を「私はイルカに関する<u>ドキュメンタリー映画を見たので</u>，もっと知りたいと思います」と述べているので，④が最も適切で，ほかの選択肢の内容は，いずれも不適切。

主な語句・表現

◇ recommend「…を推薦する，勧める」
◇ documentary「ドキュメンタリー」

問14　　14　　正解①

放送内容

W：You're 30 minutes late, Dave. What happened?
M：I'm sorry, Cara. I didn't hear my alarm! Then I had trouble finding my work clothes.
W：You were late last week, too. I opened the store myself this morning. Several customers were waiting outside.
M：I promise this will never happen again.

全訳

女性：30分の遅刻よ，デイブ。どうしたの？
男性：ごめんなさい，カラ。目覚ましが聞こえなかったのです！　そして，作業服を見つけるのに苦労したのです。
女性：あなたは先週も遅刻したわ。私は今朝ひとりでお店を開けたのよ。外では，お客さんが何人も待っていたわ。
男性：二度とこんなことは起こさないと約束します。

（質問）　　なぜ女性は不満げなのか？

① デイブが，定刻に来なかったことによって，問題を起こした。
② デイブが，適切な衣服を着ていなかった。
③ デイブが，夜遅くまで自分の同僚を職場に留まらせた。
④ デイブが，一部の客に対応しようとしなかった。

設問解説

正解は①。
　　職場の場面で，女性が男性（デイブ）の遅刻を指摘すると，男性はその言い訳をする。それに対して，女性は，男性が遅刻したことで女性に負担がかかって大変だったと訴えていることから，①が適切。ほかの選択肢の内容はこの流れに合わないので，いずれも不適切。

主な語句・表現

◇ alarm「目覚まし時計」

— 英 L 74 —

問15 | 15 | 正解 ③

放送内容

M : I need your help, Maddie. I fed Lucky and gave him some water. Now he needs a walk.

W : OK, Dad. That's no problem. I thought you were giving him a bath today.

M : Maybe later. I have to help your sister finish her homework.

W : Then I'll get Lucky ready.

全訳

男性：助けてほしい，マディー。ラッキーにえさをあげて水も与えた。今度は，彼は散歩が必要だ。

女性：わかったわ，パパ。お安いご用よ。今日は，パパは彼をお風呂に入れる予定だと思っていたわ。

男性：おそらく後でね。私はきみの妹〔姉〕が宿題を終わらせるのを手伝わなければならないから。

女性：じゃあ，私はラッキーの準備をするわ。

（質問）　男性は娘に何をしてくれるように頼んでいるか？

① イヌにえさをあげる。
② イヌに水を与える。
③ **イヌを外に連れ出す。**
④ イヌの体を洗う。

設問解説

正解は③。

　イヌの世話について，男性（父親）が女性（娘）に助けを求め，「（イヌの）ラッキーにえさと水はあげた。<u>今度は散歩が必要</u>」という趣旨の発言をすると，娘は承諾する。さらに，娘が「パパは（ラッキーを）お風呂に入れる予定だと思っていた」と言うと，父親は「（お風呂は）後で」と述べ，最後に娘が「私はラッキーの準備をする」と述べている。よって，父親が娘に依頼している内容としては，③が適切。この流れから，ほかの選択肢はすべて不適切である。

問16 | 16 | 正解 ③

放送内容

M : So where's the museum?

W : Stop the car and I'll look at the guidebook.

M : OK. What does it say?

W : The museum is on Chestnut Street, next to a stadium.

M : Look! The road sign over there says Ventura Street!

W : We must've made a wrong turn at that crossing!

M : Right!

W : Let's go back.

全訳

男性：それで美術館はどこなんだい？

女性：車を止めてちょうだい。ガイドブックで見てみるわ。

男性：いいよ。なんて書いてある？

女性：美術館はチェスナット通りのスタジアムの隣だわ。

男性：見てごらん！　向こうの道路標識にベンチュラ通りって書いてあるよ！

女性：あの交差点で間違って曲がったに違いないわ！

男性：その通りだ！

— 英L 75 —

女性：戻りましょう。

　（質問）　２人はどうしてなかなか美術館を見つけられないでいるのか？

　　① 　２人は間違った通りを横切った。
　　② 　２人は道路標識を見なかった。
　　❸ 　**２人は間違った道を来てしまった。**
　　④ 　２人はガイドブックのせいで間違ってしまった。

設問解説

正解は❸。
　女性の２つ目の発言より，探している美術館は「チェスナット通りのスタジアムの隣」にあることがわかるが，直後に男性は「道路標識にベンチュラ通りと書いてある」と述べ，自分たちが間違った通りに入り込んでいることを述べている。それに続く２人の会話の流れから，「あの交差点で間違って曲がった」ことが道に迷った原因であると考えられ，「戻って出直しましょう」という女性の最後の発言でそのことがはっきりとする。したがって，行きたい場所にたどり着けない理由として，❸が正解となる。
　①にあるような「間違った通りを横切る」という内容の発言は，車で移動中のこの２人の会話にはない。②は男性の３つ目の発言が，道路標識を見て気づいたことを話題にしているので正しくない。④にあるように「ガイドブックのせいで間違えた」ので目的地に行けない，という展開はない。女性の１つ目と２つ目の発言から，ガイドブックを見て行き先の地理的な情報を確認していることがわかり，ガイドブックの記述によって間違った方向に導かれたわけではない。

主な語句・表現

◇ next to ...「…の隣に［の］」　この表現部分と，直前の on Chestnut Street は同格的に並列されている。
◇ road sign「道路標識」
◇ must've made ＝ must have made　must have p.p.「…だったに違いない」
◇ turn 名「方向転換」
◇ crossing「交差点；十字路」

〈聞き取りのポイント〉子音と母音は仲良し？

　子音（[t][k][n][s]など）の後に母音（[a][i][u][e][o]）が続くと，音がつながって１語のようになることがある。たとえば，本問の look at は [k] と [a] がつながって「ルッカッ」と聞こえ，does it は [z] と [i] がつながって「ダジッ」と聞こえ，made a の [d] と [a] がつながって「メイダ」と聞こえる。ちなみに，look at と does it の最後の [t] はどちらも聞こえなくなっている。

問 17 　17 　正解②

放送内容

W：I'm hungry. Will you make lunch for me?
M：Sure. I'll make some of my awesome spaghetti.
W：I think I'd prefer something hot and spicy.
M：How about a pizza with peppers and garlic?
W：Hmm ... I feel like something besides Italian.
M：Then let's try that new place downtown.

— 英 L 76 —

全訳

女性：お腹がすいたわ。私に昼食を作ってもらえるかしら？
男性：いいとも。僕の極上スパゲッティを作ってあげよう。
女性：辛くて香辛料のきいたものの方がいいんだけど。
男性：こしょうとニンニクのきいたピザなんかどうだい？
女性：う〜ん…私としてはイタリアンじゃないものが食べたいの。
男性：それじゃ，繁華街のあの新しくできた店に食べに行ってみようよ。

（質問）　この男性と女性が最もやりそうなことは何か？

① レストランでイタリア料理を食べる。
❷ **レストランで香辛料のきいた食べ物を食べる。**
③ 家でイタリア料理を作る。
④ 家で香辛料のきいた食べ物を作る。

設問解説

正解は❷。

　　全体より，女性が男性に昼食を作ってくれるように頼んだが，彼が提案したイタリア料理には気が乗らないので，街へ出て外食することになりそうだとわかる。したがって，「どこで」，「何を」食べようとしているのかを特定すればよい。「どこで」については，男性が最後の発言で「繁華街のあの新しくできた店に食べに行ってみよう」と述べているので，「外食」することになりそうである。次に「何を」食べるかについてだが，女性は2つ目の発言で「辛くて香辛料のきいたものの方がいい」と述べているので，「辛くてスパイスのきいた食事」を望んでいることがわかる。会話全体の流れより，男性は女性の意見に反対するつもりはなく，この男女がこれからするであろうことは，「辛くて香辛料のきいた食事を外食する」ことだと考えられる。したがって，正解は❷となる。

　　① は「何を食べるか」が違う。③ と ④ は何よりも「どこで食べるか」が違う。

主な語句・表現

◇ awesome「すごい；とてもいい」
◇ hot「辛い；ひりひりする」
◇ spicy「香辛料のきいた」
◇ pepper「こしょう」
◇ garlic「ニンニク」
◇ feel like ...「…を食べたい［飲みたい］」
◇ besides ... 前「…を除いて；…以外に」
◇ that new place　ここは「新規開店の飲食店」のような意味で使われている。
◇ downtown 副「繁華街で；中心街で」　日本語でいう「下町」とは必ずしも一致しないので注意。

— 英L 77 —

第４問

解 答

A 問18〜21　18 ③　19 ①　20 ④　21 ②　（完答で4点）
　　問22〜25　22 ④　23 ③　24 ⑤　25 ⑤　（各1点）
B 問26 － ②　（4点）

出題のねらい

A　必要な情報を聞き取り，分類や並べ替えをすることを通じて，話し手の意図を把握する力を問う問題です。

出典

Original Material

問18〜21　正解　18 ③ → 19 ① → 20 ④ → 21 ②

放送内容

　I was going to meet my friend Kathy at the movie theater at noon to see a new comedy. But the theater was closed when I got there. I had to call Kathy right away so she could meet me at a different theater, but my phone was dead. I looked everywhere for a public phone, but there wasn't one. I finally went to a coffee shop and asked to use their phone. I will remember to charge my cell phone every night from now on.

全訳

　新しいコメディを見るために，僕は正午に映画館で友人のキャシーと会う予定だった。しかし，僕がそこに着いたとき，映画館は閉まっていた。彼女が別の映画館で僕と会えるように，すぐにキャシーに電話しなければならなかったが，僕の電話は充電が切れていた。僕は公衆電話をあちこち探し回ったが，どこにもなかった。僕は最終的にコーヒーショップに行って，電話を使わせてくださいと頼んだ。これからは，毎晩携帯電話を充電するのを忘れないようにするつもりだ。

 →  →  →

設問解説

　正解は③→①→④→②。
　出来事に着目し，音声の聞こえた順番にイラストを並べ替える問題。
　第2文に「しかし，③僕がそこに着いたとき，映画館は閉まっていた」，第3文に「…，①僕の電話は充電が切れていた」，第4文に「④僕は公衆電話をあちこち探し回ったが，どこにもなかった」，第5文に「②僕は最終的にコーヒーショップに行って，電話を使わせてくださいと頼んだ」とあることから，イラストの順番としては，③→①→④→②となるのが最も適切。

主な語句・表現

◇ right away「すぐに，ただちに」
◇ dead「（電池不足などで）機能しない，役に立たない」
◇ charge「…を充電する」
◇ from now on「これからずっと」

〈聞き取りのポイント〉

□ **right away**「すぐに，ただちに」
　　ex. Go upstairs **right away** and clean your room, Jack!
　　　「すぐに 2 階に行って，自分の部屋を掃除しなさい，ジャック！」
□ **from now on**「これからずっと」
　　ex. I promise you I will study harder **from now on**.
　　　「これからはずっと，もっと一生懸命勉強すると約束するよ」

問 22 〜 25　正解　| 22 | ④ |　| 23 | ③ |　| 24 | ⑤ |　| 25 | ⑤ |

放送内容

　　Our tour information poster needs prices. Can you write them in for me? The most popular tours, Green and Black, are 4 hours. Black costs $50, and Green costs $20 more than Black because of the special lunch. The shortest tour uses a luxury train so it's $80. Our tour with the view of the ocean is the longest one. It's $100. It's the same price as the Purple tour, which includes museum tickets.

全訳

　　わが社のツアーインフォメーションのポスターには価格（の記入）が必要です。私の代わりに記入してもらえませんか？　最も人気のあるツアーのグリーンとブラックは，4 時間です。ブラックは 50 ドルで，グリーンは特別なランチのために，ブラックよりも 20 ドル高くなります。最短のツアーは豪華列車を利用するので，80 ドルです。海が見えるツアーは最長です。それは 100 ドルです。それは，美術館のチケットを含むパープルツアーと同じ価格です。

　　① 30 ドル　　② 50 ドル　　③ 70 ドル　　④ 80 ドル　　⑤ 100 ドル

ツアータイプ	ツアーの場所	ツアーの所要時間（時間）	価格
オレンジ		3	22
グリーン	山地	4	23
ブラック		4	50 ドル
パープル	都市	5	24
ゴールド	海岸	6	25

設 問 解 説

　　ツアー会社の社員として，説明を聞き，列車旅行の一覧表に価格をあてはめる問題。
　　第 5 文に「最短のツアーは豪華列車を利用するので，80 ドルです」とあり，一覧表から「最短のツアー」が所要時間 3 時間の「オレンジ」であることがわかるので，| 22 | には，④「80 ドル」を入れるのが適切。また，第 4 文に「ブラックは 50 ドルで，グリーンは特別なランチのために，ブラックよりも 20 ドル高くなります」とあることから，| 23 | には，③「70 ドル」を入れるのが適切。次に，第 6 文〜最終文に「海が見えるツアーは最長です。それは 100 ドルです。それは，美術館のチケットを含むパープルツアーと同じ価格です」とあり，一覧表から海が見える最長のツアーは「ゴールド」であることがわかり，そのツアーが 100 ドルでパープルと同じ価格なので，| 24 | と | 25 | には，⑤「100 ドル」を入れるのが適切。

主な語句・表現

◇ luxury「豪華な，高級な」

— 英 L 79 —

出題のねらい

B　全体で170語程度からなる4つの発話を聞いて，それらの中で最も条件に合うものを選ぶ形式で，複数の情報を正確に聞き取り整理できるかを問う問題です。英語の非母国語話者の発話が入るのも，この問題の特徴の1つです。

出　典

Original Material

問26　　26　　正解 ②

放送内容

1　Chestwood Park is a photographer's dream. The views are excellent. The park was built a long time ago. I learned this from the many signboards. Unfortunately, there's no gift shop. I wanted to buy some things for friends, but I couldn't.

2　King Street is great! First, stop at the information center to get some leaflets. King Street's wonderful old buildings have charm, so don't forget your camera. Also, you can purchase unique souvenirs in the stores there.

3　Go to Maplebury Castle! The castle is interesting to walk around. I took a guided tour. Our guide was so funny and knew everything about the castle. Taking pictures was not allowed so I bought some postcards in the castle's store instead.

4　Redhill Church has a large, beautiful garden! There weren't many visitors, so I took some fantastic pictures inside. I wanted to know more about its history, but there were no leaflets or staff available to ask. The souvenirs I could buy were limited.

全　訳

1　チェストウッドパークは，写真家の夢です。景色は最高です。この公園はずっと昔につくられました。私はこのことを多くの看板から知りました。残念ながら，お土産屋さんはありません。私は友達に何か買いたかったのですが，買えませんでした。

2　キングストリートはすばらしい！　まず，リーフレットを手に入れるために案内所に立ち寄ってください。キングストリートのすばらしい古い建築物には魅力があるので，カメラを忘れないでください。また，そこのお店ではとても珍しいお土産を購入できます。

3　メープルベリー城に行きましょう！　この城は歩き回ると面白いです。私はガイド付きツアーに参加しました。ガイドはとても面白く，この城について何でも知っていました。写真を撮ることは許されていなかったので，代わりに城にあるお店で郵便はがきを何枚か買いました。

4　レッドヒル教会には，大きくて美しい庭があります！　観光客はあまりいなかったので，私は中ですばらしい写真を何枚か撮りました。私はそこの歴史についてもっと多くを知りたかったのですが，リーフレットもなければ，質問ができる職員もいませんでした。買うことができるお土産は限られていました。

① チェストウッドパーク
② キングストリート
③ メープルベリー城
④ レッドヒル教会

— 英L 80 —

設問解説

正解は **②**。

　世界の観光名所について，四人が話す場所の紹介を聞き，最も条件に合う観光名所を選ぶ問題。問題の〈条件〉「A：来訪者のための情報が提供されている」「B：写真を撮ることができる」「C：お土産を買うことができる」に注意して，観光名所の説明を確認する。

① **不正解。**

　チェストウッドパークは，「写真家の夢」とあることからBは該当する。また，「多くの看板から知りました」とあることからAも該当する。しかし，「お土産屋さんはありません」とあるので，Cが該当しない。

② **正解。**

　キングストリートは，「リーフレットを手に入れるために案内所に立ち寄ってください」とあることからAは該当する。また，「カメラを忘れないでください」とあることからBも該当する。さらに，「そこのお店ではとても珍しいお土産を購入できます」とあることからCも該当する。したがって，すべての条件に該当するので，**②** が適切。

③ **不正解。**

　メープルベリー城は，「ガイド付きツアーに参加しました。ガイドはとても面白く，この城について何でも知っていました」とあることからAは該当するが，「写真を撮ることは許されていなかった」とあることからBは該当しない。「城にあるお店で郵便はがきを何枚か買いました」とあることからCは該当する。

④ **不正解。**

　レッドヒル教会は，「写真を何枚か撮りました」とあることからBは該当するが，「リーフレットもなければ，質問ができる職員もいませんでした」とあるのでAは該当しない。「買うことができるお土産は限られていました」とあるので，Cは該当する。

　以上を表に入れると次のようになる。

		A. 情報	B. 写真撮影	C. お土産
①	チェストウッドパーク	○	○	×
②	キングストリート	○	○	○
③	メープルベリー城	○	×	○
④	レッドヒル教会	×	○	○

主な語句・表現

◇ photographer「(職業としての) 写真家，カメラマン」
◇ signboard「看板，掲示板」
◇ leaflet「ちらし，リーフレット」
◇ charm「魅力」
◇ souvenir「記念品，みやげ」
◇ available「会うことができる，手があいている」

第5問

解答

問 27 - ④			（3点）
問 28 〜 31	28 ②	29 ①	（完答で3点）
	30 ③	31 ④	（完答で3点）
問 32 - ③			（3点）
問 33 - ③			（3点）

出題のねらい

　320 語程度の社会的な話題に関する講義を聞いて（今回は「インターネットでの広告」がテーマ），ワークシートを完成させたり，内容一致問題に答えることを通じて，概要や要点をとらえる力を問う問題です。さらには問 33 では，聞き取った情報と，図表から読み取れる情報を組み合わせて判断する力が問われています。

出典

Original Material

放送内容

［講義］

　People used to see advertisements more often in newspapers or on television. But today, a lot of advertisements are on the Internet. Newspaper companies have lost a lot of money because of this change. In 2001, the number of people who worked in newspaper companies in the U.S. was twice as large as in 2015. In 2015, about 200,000 people worked for newspaper companies.

　Companies now spend much more for advertising on the Internet than before. The Internet grew and became the top place for advertisements. Twenty years ago, companies paid the largest amount for advertising on television. Television today is used for advertising slightly less than it was twenty years ago and comes in second place next to the Internet. Newspapers twenty years ago were in second place slightly below television. They quickly dropped close to the bottom. By the way, signs you see outside homes are called "out-of-home advertisements." This category has grown only a little over the past twenty years.

　People who read the newspaper in the same area get the same advertisements. But many people may not be interested in the advertisements they read. The Internet targets customers better today than it did twenty years ago. Companies know what kind of customer you are based on information they have about you. So, they show you advertisements for things you are interested in.

　These days, television has the number-two position after the Internet. You can even watch television on smartphones today. You can watch shows wherever you are. Television in the U.S. is similar to the Internet. It will show you advertisements that you are interested in.

［講義（続き）］

　The amount of time people spend watching television depends heavily on age. Still, companies can place advertisements that appeal to the age groups of their choice. For example, they can target young people by showing advertisements during romantic movies young people like.

— 英L 82 —

全訳

[講義]

　人々は，かつては新聞やテレビで広告をより頻繁に見たものだ。しかし今日は，たくさんの広告がインターネット上にある。新聞社はこの変化により多額のお金を失った。2001年，アメリカ合衆国の新聞社で働いていた人の数は，2015年の2倍だった。2015年は，およそ20万人の人々が新聞社で働いていた。

　企業に現在，以前よりもインターネットでの広告にずっと多くのお金を費やしている。インターネットは成長し，広告媒体でトップになった。20年前，企業はテレビでの広告に最大の金額を支払っていた。今日，テレビは広告に利用されるのが20年前よりも若干少なく，インターネットに次いで第2位である。20年前，新聞はテレビよりも少し下の第2位だった。それはすぐに最下位近くに落ちた。ところで，屋外で目にする看板は「屋外広告」と呼ばれている。このカテゴリーは，過去20年間でほんの少しだけ増えた。

　同じ地域で新聞を読む人々は同じ広告を見る。しかし，多くの人々は自分が読む広告に興味がないかもしれない。インターネットは今日，20年前よりも顧客をもっとうまくターゲットにしている。企業はあなたについて持っている情報に基づいて，あなたがどのような顧客であるかを知っている。そして，彼らはあなたが興味を持っているものの広告を表示する。

　近頃，テレビはインターネットに次ぎ第2位の位置にいる。今日ではスマートフォンでテレビを見ることさえできる。あなたがどこにいても番組を見ることができる。アメリカ合衆国のテレビはインターネットに似ている。あなたが関心のある広告をあなたに表示するのである。

[講義（続き）]

　人々がテレビを見るのに費やす時間は，年齢に大きく左右される。それでも，企業は彼らが選んだ年齢層にアピールする広告を出すことができる。例えば，彼らは若者が好きな恋愛映画の間に広告を表示することによって若者をターゲットにすることができる。

設問解説

　メモを取りながら講義を聞き，情報を組み合わせてワークシートを完成させたり，概要・要点を把握したりする問題。

[ワークシート]

○新聞社で働く人々の数

　2001年：約 [27]

　2015年：約 200,000

○広告の歴史：20年間にわたる変化

	企業の支出： ① 増加した または ② 減少した	変化の程度： ③ 大きい または ④ 小さい
インターネット	増加した	[30]
テレビ	減少した	[31]
新聞	[28]	大きい
屋外（看板）	[29]	小さい

― 英 L 83 ―

問 27 　 27 　 正解 ④

① 100,000	② 200,000	③ 300,000
④ 400,000	⑤ 500,000	⑥ 600,000

正解は④。
　　ワークシートの空欄 27 は，見出しの「新聞社で働く人々の数」に続き，「2001 年：約 27 」とあることから，空欄には 2001 年に新聞社で働いていた人の数を入れる。第 1 パラグラフの最後で「2001 年，アメリカ合衆国の新聞社で働いていた人の数は，2015 年の 2 倍だった。2015 年は，およそ 20 万人の人々が新聞社で働いていた」と述べられているので，④ 400,000 が適切。

問 28 〜 31 　 正解 　 28 　② 　 29 　① 　 29 　③ 　 31 　④

① 増加した 　　 ② 減少した 　　 ③ 大きい 　　 ④ 小さい

　　ワークシートの 28 には，新聞（Newspaper）の広告に企業が費やした額が 20 年間で増加したのか減少したのかを記入する。第 2 パラグラフ第 5・6 文に「20 年前，新聞はテレビよりも少し下の第 2 位だった。それはすぐに最下位近くに落ちた」とあることから，28 には，②「減少した」を入れるのが適切。
　　29 には，屋外（看板）（Out-of-Home（Signs））の広告に企業が費やした額が 20 年間で増加したのか減少したのかを記入する。第 2 パラグラフの後半に「…，屋外で目にする看板は『屋外広告』と呼ばれている。このカテゴリーは，過去 20 年間でほんの少しだけ増えた」と述べられているので，29 には，①「増加した」を入れるのが適切。
　　30 には，インターネット（The Internet）の広告に企業が費やした額の変化が大きいか小さいかを記入する。第 2 パラグラフ第 1・2 文に「企業は現在，以前よりもインターネットでの広告にずっと多くのお金を費やしている。インターネットは成長し，広告媒体でトップになった」とあることから，30 には，③「大きい」を入れるのが適切。
　　31 には，テレビ（Television）の広告に企業が費やした額の変化が大きいか小さいかを記入する。第 2 パラグラフ第 3・4 文に「20 年前，企業はテレビでの広告に最大の金額を支払っていた。今日，テレビは広告に利用されるのが 20 年前よりも若干少なく，インターネットに次いで第 2 位である」と述べられているので，31 には，④「小さい」を入れるのが適切。

問 32 　 32 　 正解 ③

① 企業は以前にその企業から製品を買った人たちだけと接触する。
② 新聞は依然として最も信頼できる情報源である。
③ **テレビは人々が新しい方法で見ることができるように変化した。**
④ インターネットは屋外広告の重要性を小さくした。

正解は③。
　　最終パラグラフで「今日ではスマートフォンでテレビを見ることさえできる。あなたがどこにいても番組を見ることができる。アメリカ合衆国のテレビはインターネットに似ている。あなたが関心のある広告をあなたに表示するのである」と述べられているので，③が講義の内容と一致する。
　　①と②の選択肢の趣旨は講義中では言及されていないので，不適切。インターネットと

— 英 L 84 —

屋外広告との関連性については特に講義内で言及されていないうえに，屋外広告は過去20年間で少しだけではあるが，企業の支出が増加していると述べられており，④も不適切。

問33　33　正解 ③

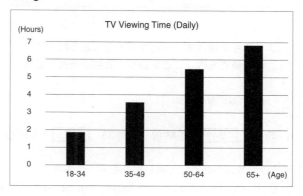

① 年配の人たちは，特に恋愛映画の場合，映画を見るのを楽しむ傾向がある。
② テレビの一つの特徴は，それが人々の家の中だけでしか見られないということである。
③ テレビの広告は，若者の毎日の視聴時間は1日2時間未満だが，彼らをターゲットにすることができる。
④ テレビの視聴時間は，人の年齢ではなく，その人の興味に左右される。

正解は③。
　講義の続きを聞き，講義全体とグラフが示す情報から，講義の要点を把握する問題。
　講義の続きの最終文に「例えば，彼ら（企業）は若者が好きな恋愛映画の間に広告を表示することによって若者をターゲットにすることができる」とあり，グラフから，18歳～34歳の視聴時間が1日2時間未満であることが読み取れるので，③が適切。
　講義の続きの最終文に「若者が好きな恋愛映画」とあることから，①は不適切。講義の最終パラグラフ第2・3文に「今日ではスマートフォンでテレビを見ることさえできる。あなたがどこにいても番組を見ることができる」とあり，屋外でも見られることが示唆されているので，②も不適切。グラフから年代によってテレビの視聴時間が大きく異なることがわかり，講義の続きの第1文にも「人々がテレビを見るのに費やす時間は，年齢に大きく左右される」とあることから，④も不適切。

（主な語句・表現）

［講義］
◇ advertisement「広告」
◇ advertising「広告すること」
◇ category「範疇，カテゴリー」
◇ target「…を的［目標］にする」

［講義（続き）］
◇ depend on ...「…次第である，…によって決まる」
◇ appeal to ...「…に訴える」

第6問

解 答			
A	問34 – ④	問35 – ③	（各3点）
B	問36 – ②	問37 – ②	（各4点）

出題のねらい │ A　学生が遭遇する可能性が十分にある状況に関わる130語程度の会話を聞いて，話者の発話の要点を選ぶことを通じ，必要な情報を把握する力を問う問題です。

出 典 │ *Original Material*

問34 34 正解④　　問35 35 正解③

放送内容 │ ［設問解説のために，通し番号をふってあります］

① Kaito : I can't go to the baseball game, Ruby. I have a doctor's appointment.
② Ruby : You've been to the doctor a lot lately, Kaito.
③ Kaito : My arm hurts, so I want the doctor to look at it.
④ Ruby : My knee sometimes hurts after playing sports.　But I don't go to the doctor unless the pain is really bad.　My mother usually forces me to go!
⑤ Kaito : But you should talk to a doctor.　Sometimes people have a serious problem, and they don't know it.
⑥ Ruby : Yes, but don't you worry about wasting the doctor's time?
⑦ Kaito : Not really.　I prefer to be careful.
⑧ Ruby : I usually feel better after a few days.
⑨ Kaito : Even so, a doctor can help you understand why your knee hurts.
⑩ Ruby : Maybe.　But I'll wait a few days.

全 訳 │
①カイト：野球の試合に行けないよ，ルビー。診察の予約があるんだ。
②ルビー：最近は医者によく行くのね，カイト。
③カイト：腕が痛むから，医者に診てもらいたいんだ。
④ルビー：私のひざはスポーツをしたあとで痛むことがあるの。でも，私は痛みが本当にひどくない限り，医者には行かない。母は，たいてい私を無理やり行かせるの！
⑤カイト：でも，きみは医者に相談した方がいいよ。重大な疾患がある人でも，それに気づかないことがある。
⑥ルビー：そうね，でも医者の時間を無駄にすることは気にならないの？
⑦カイト：それほどは。僕は用心するほうがいいや。
⑧ルビー：私はたいてい数日たてばよくなるわ。
⑨カイト：たとえそうでも，医者はどうしてひざが痛むのかをきみが知る手助けをしてくれるよ。
⑩ルビー：おそらくね。でも，私は数日待つわ。

設問解説 │ **問34　（質問）　カイトの要点は何か？**

① 医師は忙し過ぎて多くの患者を診ることができない。
② 家で多くの健康上の問題を治療することは可能である。
③ 自分の健康を少し心配しすぎる人たちもいる。
④ **私たちは健康上の問題を深刻に受け止めるべきだ。**

— 英L 86 —

正解は **④**。

　病院に行くことについて異なる意見を持つ二人の会話を聞き，話者の発話の要点を選ぶ問題。カイトの「きみは医者に相談した方がいいよ。重大な疾患がある人でも，それに気づかないことがある」，「僕は用心するほうがいい」といった発言から，**④** が適切。

　① と **②** の選択肢の趣旨が，会話中では言及されていないので，不適切。**③** の選択肢の趣旨は，ルビーの意見に近く，不適切。

問 35　（質問）　ルビーの要点は何か？

　①　医師は患者の言うことを聞かないことがある。
　②　だれもが健康にもっと注意をするべきである。
　❸　健康上の問題はひとりでになくなることが多い。
　④　人々は心配しすぎるとスポーツが下手になる。

正解は **❸**。

　ルビーの「痛みが本当にひどくない限り，医者には行かない」，「たいてい数日たてばよくなる」，「私は数日待つ」といった発言から，**③** が適切。

　① と **④** の選択肢の趣旨は，会話中で言及されていないので，不適切。**②** の選択肢の趣旨は，カイトの意見なので，不適切。

（主な語句・表現）

◇ appointment「予約，面会の取り付け」
◇ look at ...「…を調べる，検査する」
◇ knee「ひざ」
◇ not really「それほどでも」

（出題のねらい）

B　260 語程度の議論を聞いて，それぞれの話者の立場を判断する問題です。さらに，意見を支持する図表を選ぶことを通じて，必要な情報を統合し，要点を整理，判断する力が問われています。

（出　典）

Original Material

問 36　| 36 |　正解 **②**　　問 37　| 37 |　正解 **②**

（放送内容）

［設問解説のために，通し番号をふってあります］

① Moderator　：So, Dr. Edward, good habits are really important for staying healthy.
② Dr. Edward：That's right.　And in talking to a lot of students I've discovered something else.　I've found that they don't like going to the doctor.　As a result, they sometimes miss serious health problems.　I'm here today to encourage you to visit your doctor, especially when you notice something unusual.
③ Moderator　：Why don't more young people see doctors?
④ Dr. Edward：It's partly because they're busy.　But even something small like a spot on your skin or a headache can mean there's a serious problem.　When in doubt, see a doctor!
⑤ Moderator　：What about natural approaches, like yoga, meditation, and a healthy diet?

— 英 L 87 —

⑥ Dr. Edward : They're great. But some health issues require a doctor's advice and medicine.

⑦ Moderator : Let's hear the audience's thoughts. Yes, you in the blue hat.

⑧ Reika : Hi, my name's Reika. I used to see doctors about health issues, but it took weeks to get an appointment. And my problems usually fixed themselves. It was a waste of time!

⑨ Dr. Edward : I'm sorry to hear that. If you can't get an appointment, visit a small health clinic.

⑩ Reika : Thanks, but I usually just use the Internet to find health advice.

⑪ Moderator : We'll talk about that later. Does anyone else have a question? Yes, you in the front.

⑫ James : Dr. Edward, I'm James, and I've noticed the same problem in my country. Unlike me, even when people have health issues, they don't visit a doctor.

⑬ Dr. Edward : Why is that?

⑭ James : Perhaps it's a cultural thing.

⑮ Moderator : Interesting. Let's go into detail.

【全訳】

①司会　　　　　：それでは，エドワード先生，よい習慣というのは，健康でいるためには本当に大切なのですね。

②エドワード先生：その通りです。それにたくさんの学生と話しているときに，私はある別のことを発見しました。私は彼らが医者に診てもらうのが好きではないということがわかったのです。その結果，彼らはときに重大な健康上の問題を見落とすことがあるのです。私が今日ここに来たのは，皆さんに医者へ行くことを勧めるためです。特に，何かいつもと違うことに気づいたときにはね。

③司会　　　　　：なぜもっと多くの若者が医者に行かないのですか？

④エドワード先生：一つには彼らが忙しいからです。でも，肌にできたはん点，あるいは頭痛のような小さな症状でも，深刻な問題があることを意味していることがあります。疑わしいときには，医者にかかりましょう！

⑤司会　　　　　：ヨガ，瞑想，健康的な食事といった自然のアプローチはどうですか？

⑥エドワード先生：それらはとてもいいですよ。でも，健康上の問題の中には，医者の助言と薬を必要とするものもあります。

⑦司会　　　　　：聴衆の意見を聞いてみましょう。はい，青い帽子のあなた。

⑧レイカ　　　　：こんにちは，私の名前はレイカです。私は，以前はよく健康上の問題について医者にかかっていましたが，予約を取るのに何週間もかかりました。それに，私の問題はたいてい自然に治りました。時間の無駄でした！

⑨エドワード先生：それはお気の毒です。予約が取れない場合は，小さい診療所に行ってください。

⑩レイカ　　　　：ありがとうございます。でも私は健康に関する助言を見つけるために，たいていインターネットを使うだけです。

⑪司会　　　　　：そのことはあとで議論します。だれかほかに質問のある人？　はい，前列のあなた。

⑫ジェームズ　　：エドワード先生，私はジェームズといいますが，私の国でも同じ問題があることに気づきました。私と違って，人々は健康上の問題があるときでも医者に行きません。

⑬エドワード先生：どうしてでしょう？

⑭ジェームズ　　　：おそらく文化的な問題でしょう。
⑮司会　　　　　　：面白いですね。詳細に入りましょう。

設問解説

問36　36　正解 ②

正解は ②。

健康でいることに関する複数の意見を聞き，何かあったときにすぐにお医者さんに行くことに反対している人をすべて選ぶ問題。

A の Dr. Edward は「私が今日ここに来たのは，皆さんに医者へ行くことを勧めるためです。特に，何かいつもと違うことに気づいたときにはね」と発言していることから，賛成の立場にいると言える。B の James は，「私と違って，人々は健康上の問題があるときでも医者に行きません」と発言していることから，賛成の立場にいると言える。C の司会は，特に自分の意見を述べていない。D の Reika は，「（医者の予約を取ることは）時間の無駄でした！」，「…私は健康に関する助言を見つけるために，たいていインターネットを使うだけです」などと述べていることから，反対の立場にいると言える。以上から，何かあったときにすぐに医者に行くことに反対の立場で意見を述べている人は D の Reika だけである。したがって，② 「D」が最も適切。

問37　37　正解 ②

①

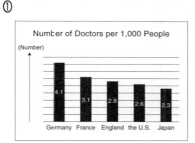

②

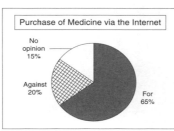

③

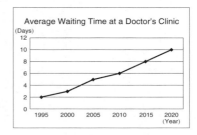

④

正解は ②。

Dr. Edward の意見を支持する図を選ぶ問題。Dr. Edward は医者へ行くことを勧めており，「肌にできたはん点，あるいは頭痛のような小さな症状でも，深刻な問題があることを意味していることがある」という発言をしている。よって，Symptoms「症状」で始まり，次に Immediate treatment「即座の治療」と，Rest「安静」に分岐するフローチャート ② が Dr. Edward の意見を支持するものとして，適切である。

① の「1,000 人当たりの医師の数」についての話題は言及されていないので，不適切。③ の「インターネットによる薬の購入」に関しては，レイカが「…私は健康に関する助言を見つけるために，たいていインターネットを使うだけ…」と述べているだけであり，Dr. Edward の意見を支持するものではないので，不適切。④ の「医院での平均待ち時間」に

関しては，レイカが「私は，以前はよく健康上の問題について医者にかかっていましたが，予約を取るのに何週間もかかりました」と述べていて，Reika の意見を間接的に支持するものなので，不適切。

主な語句・表現

◇ as a result「その結果（として）」
◇ miss「…を見落とす」
◇ especially「特に，とりわけ」
◇ unusual「ふつうでない，異常な」
◇ headache「頭痛」
◇ in doubt「疑っている；疑わしい」
◇ meditation「瞑想，黙想」
◇ require「…を必要とする」
◇ medicine「薬；医術」
◇ health clinic「診療所」

〈聞き取りのポイント〉

今回出題した四人の会話を聞いてある人の意見を支持する図を判断する問題は，本番でも出題されると予想される。社会的な話題に関する議論を聞いて，各話者の意見の要点を整理する必要があるので，この問題などを通して，議論を聞きながら情報を整理・判断する力を身につけよう。

| 第4回 | 実戦問題　解答・解説 |

●設問別正答率表

解答番号	① 1	2	3	4	5	6	7	② 8	9	10
配　　点	3点	3点	3点	3点	4点	4点	4点	3点	3点	3点
正答率(%)	52.4	78.2	41.9	66.1	46.4	75.4	51.5	85.4	85.0	63.6
解答番号	11	③ 12	13	14	15	④16-19	20	21	22	23
配　　点	3点	4点	4点	4点	4点	4点	1点	1点	1点	1点
正答率(%)	94.4	72.9	63.3	45.5	91.3	96.6	40.6	63.2	68.4	78.6
解答番号	24	⑤ 25	26-28	29-31	32	33	⑥ 34	35	36	37
配　　点	4点	4点	4点	4点	4点	4点	4点	4点	4点	4点
正答率(%)	58.5	80.4	50.6	25.7	60.8	45.0	51.2	35.4	50.2	55.0

●設問別平均点・標準偏差表

設問	設　問　内　容	配　点	平均点	標準偏差
1	発話	24	14.1	5.8
2	短い対話（イラスト選択）	12	9.9	2.2
3	短い対話	16	10.9	4.1
4	モノローグ	12	8.7	2.8
5	講義	20	10.5	5.4
6	長めの会話	16	7.7	4.4
合　　　計		100	61.7	17.1

●第4回　得点別偏差値・順位表

得 点	偏差値	順 位	得 点	偏差値	順 位	得 点	偏差値	順 位	得 点	偏差値	順 位
100	72.4	1	75	57.8	24623	50	43.2	77969	25	28.5	105483
99	71.8	618	74	57.2	25987	49	42.6	80097	24	28.0	105699
98	71.2	721	73	56.6	27828	48	42.0	82036	23	27.4	105849
97	70.6	742	72	56.0	30109	47	41.4	83800	22	26.8	105993
96	70.1	945	71	55.4	32055	46	40.8	85756	21	26.2	106106
95	69.5	2084	70	54.9	33622	45	40.2	87645	20	25.6	106194
94	68.9	2325	69	54.3	35714	44	39.7	89320	19	25.0	106282
93	68.3	2452	68	53.7	38234	43	39.1	90961	18	24.5	106361
92	67.7	2983	67	53.1	40264	42	38.5	92569	17	23.9	106424
91	67.1	4511	66	52.5	42132	41	37.9	94000	16	23.3	106460
90	66.5	5008	65	51.9	44429	40	37.3	95302	15	22.7	106488
89	66.0	5278	64	51.3	46862	39	36.7	96531	14	22.1	106515
88	65.4	6299	63	50.8	48913	38	36.2	97675	13	21.5	106535
87	64.8	7999	62	50.2	50849	37	35.6	98780	12	20.9	106546
86	64.2	8670	61	※49.6	53369	36	35.0	99796	11	20.4	106561
85	63.6	9239	60	49.0	55771	35	34.4	100676	10	19.8	106573
84	63.0	10678	59	48.4	57767	34	33.8	101491	9	19.2	106581
83	62.5	12488	58	47.8	59937	33	33.2	102173	8	18.6	106588
82	61.9	13378	57	47.3	62480	32	32.6	102822	7	18.0	106595
81	61.3	14345	56	46.7	64837	31	32.1	103399	6	17.4	106599
80	60.7	16236	55	46.1	66975	30	31.5	103854	5	16.9	
79	60.1	18119	54	45.5	69245	29	30.9	104270	4	16.3	106600
78	59.5	19243	53	44.9	71584	28	30.3	104656	3	15.7	106604
77	58.9	20584	52	44.3	73837	27	29.7	104956	2	15.1	
76	58.4	22705	51	43.8	75869	26	29.1	105223	1	14.5	
									0	13.9	106610

※印は平均点の位置を示す

英語(リスニング) 第4回（100点満点）

（解答・配点）

問題番号（配点）	設問		解答番号	正解	配点	自己採点欄
第1問（24）	**A**	1	1	④	3	
		2	2	③	3	
		3	3	④	3	
		4	4	②	3	
	B	1	5	④	4	
		2	6	③	4	
		3	7	①	4	
小　計						
第2問（12）		1	8	①	3	
		2	9	④	3	
		3	10	②	3	
		4	11	③	3	
小　計						
第3問（16）		1	12	①	4	
		2	13	②	4	
		3	14	④	4	
		4	15	③	4	
小　計						

（注）　＊は，全部正解の場合のみ点を与える。

問題番号（配点）	設問		解答番号	正解	配点	自己採点欄
第4問（12）	**A**	1	16	②	4*	
			17	④		
			18	③		
			19	①		
		2	20	④	1	
			21	②	1	
			22	④	1	
			23	⑤	1	
	B	1	24	①	4	
小　計						
第5問（20）	1	(a)	25	②	4	
		(b)	26	①	4*	
			27	②		
			28	②		
			29	④		
			30	④	4*	
			31	③		
		(c)	32	②	4	
	2		33	③	4	
小　計						
第6問（16）	**A**	1	34	②	4	
		2	35	①	4	
	B	1	36	⑤	4	
		2	37	②	4	
小　計						
合　計						

— 英 L 93 —

第1問

解答

A	問1 − ④	問2 − ③	問3 − ④	問4 − ②	（各3点）
B	問1 − ④	問2 − ③	問3 − ①		（各4点）

出題のねらい　A　身の回りの事柄に関して平易な英語で話される短い発話を聞いて，「話者の言いたいこと」を把握する力を問う問題です。

出典　*Original Material*

問1　　1　　**正解 ④**

放送内容
I thought my grandson would eat a lot. He didn't eat as much as I had expected.

全訳
孫はたくさんごはんを食べるだろうと思っていた。私が予期していたほどは食べなかった。

① 話者は息子と一緒にごはんを食べた。
② 話者はたくさんの食べ物が好きだ。
③ 話者は孫が大好きだ。
④ **話者は食べ物を作りすぎた。**

設問解説
正解は ④。
　　didn't eat as much as I had expected は「私が予期していたほどは食べなかった」という意味。話者は孫がもっと食べると思っていたのだから，食べ物をたくさん用意していたと考えられる。よって正解は ④ となる。

主な語句・表現
◇ not as ... as 〜「〜ほど…ではない」
◇ expect ...「…を予期する」

問2　　2　　**正解 ③**

放送内容
Junko asked her father to allow her to travel abroad alone, but her father wouldn't listen.

全訳
ジュンコは父親に，一人で海外旅行をするのを許可してくれるよう頼んだが，父親はどうしても聞き入れようとしなかった。

① ジュンコの父親は彼女に質問した。
② ジュンコの父親は声が低い。
③ **ジュンコの父親は彼女の頼みを断った。**
④ ジュンコの父親はどうしても海外旅行をしようとしなかった。

設問解説
正解は ③。
　　一人で海外旅行に行くのを許可して欲しいというジュンコの要求に対して，父親は wouldn't listen「どうしても聞き入れようとしなかった」とあることから，父親は頼みを断ったことになる。よって正解は ③ となる。

主な語句・表現
◇ ask ... to −「…に−するよう頼む」
◇ allow ... to −「…が−するのを許可する」

— 英 L 94 —

◇ alone「一人で」
◇ wouldn't −「どうしても−しようとしなかった」
◇ refuse ...「…を断る」
◇ request「頼み」

問3 ☐3☐ **正解④**

(放送内容)
I was really sorry to hear that your grandfather passed away the other day.

(全訳)
あなたのおじいさんが先日亡くなったと聞いて，本当にお気の毒に思いました。

① 話者は謝った。
② 話者は不満を言った。
③ 話者は通り過ぎた。
④ **話者は同情した。**

設問解説

正解は**④**。
　I was sorry to hear ... は「…と聞いて気の毒に思った」という意味。話者は同情の気持ちを述べていることから正解は**④**となる。

主な語句・表現
◇ be sorry「気の毒に思う」
◇ pass away「亡くなる」
◇ the other day「先日」
◇ apologize「謝る」
◇ complain「不満を言う」
◇ pass by「通り過ぎる」
◇ sympathize「同情する」

問4 ☐4☐ **正解②**

(放送内容)
Jim always forgets to turn off the light in his room when he goes out.

(全訳)
ジムは外出するときに，いつも部屋の電気を消し忘れる。

① 話者はいつも一人で外出する。
② **話者はジムが不注意であることに怒っている。**
③ 話者は電気をつけたままにしたことを後悔している。
④ 話者は電気をつけるべきだったのに。

設問解説

正解は**②**。
　話者はジムがいつも電気を消し忘れると述べていることから，ジムに対して怒りを感じていると考えるのが自然。よって正解は**②**となる。

主な語句・表現
◇ forget to −「−し忘れる」
◇ turn ... off「…を消す」
◇ regret −ing「−したことを後悔する」
◇ leave the light on「電気をつけたままにする」
◇ should have p.p.「−すべきだったのに（そうしなかった）」
◇ turn ... on「…をつける」

— 英L 95 —

出題のねらい｜B　身の回りの事柄に関して平易な英語で話される短い発話を聞いて，それに対応するイラストを選ぶことを通じて，発話内容を把握する力を測るとともに，文法が生きた知識として身についているかどうかを問う問題です。

出典｜*Original Material*

問1　5　正解④

放送内容｜There is hardly any water left in the glasses in his hands.

全訳｜彼の両手のグラスには水がほとんど残っていない。

設問解説｜正解は④。
　glasses と his hands から，複数のグラスを両手に持っているとわかる。また hardly any ... は「ほとんど…ない」の意味であるため，水の少ないグラスのイラストを選ぶことになる。よって正解は④となる。

主な語句・表現｜◇ hardly any ...「ほとんど…ない」

問2　6　正解③

放送内容｜The door is open just wide enough for a person to get through.

全訳｜ドアはちょうど一人が通り抜けることができるくらい開いている。

設問解説｜正解は③。
　ドアの開き具合が just wide enough for a person to get through と表されている。これは「ちょうど一人が通り抜けることができるくらい（広く）」ということ。よって正解は③となる。

主な語句・表現｜◇ get through ...「…を通り抜ける」

問3　7　正解①

放送内容｜I hadn't gone more than a few steps before it began to rain.

全訳｜少し歩くか歩かないかのうちに雨が降り始めた。

設問解説

正解は **①**。

　　hadn't gone more than a few steps before it began to rain で「少し歩くか歩かないかのうちに雨が降り始めた」の意味であるため，家を出たところで雨が降っているイラストを選ぶ。よって正解は **①** となる。

主な語句・表現

◇ hadn't p.p. before SV「ＳＶする前には−しなかった」という意味から転じて，「−するかしないかのうちにＳＶした」という意味になる。
◇ step「歩み；一歩」

第2問

解　答　　問1 - ①　　問2 - ④　　問3 - ②　　問4 - ③　　　　（各3点）

出題のねらい　　場面設定を参考に身近な事柄に関する短い対話を聞いて，必要な情報を把握する力を問う問題です。

出　典　　*Original Material*

放送内容

問1　　8　　正解 ①

M : Haruka should be seated in front of the cake.
W : I disagree, because her mother will cut it.
M : How about the seat nearest to the window?
W : Okay. That's where she always sits anyway.

Question : Where will Haruka's seat at the party be?

全　訳

男性：ハルカはケーキの目の前に座るべきだよ。
女性：反対だな。だってお母さんがケーキを切るんだから。
男性：じゃあ窓に一番近い席はどう？
女性：いいね。結局彼女はいつもそこに座るからね。

質問：ハルカのパーティーでの席はどこだろうか？

設問解説　　正解は ①。

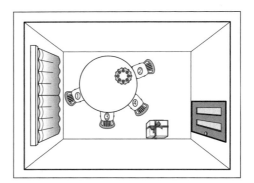

　男性の最初の提案である「ケーキの目の前」は女性に却下され，二つ目の提案の「窓に一番近い席」に女性が同意しているので，① が正解である。

主な語句・表現

◇ be seated「座る」
◇ in front of ...「…の前に」
◇ disagree「反対する」
◇ nearest to ...「…に一番近い」
◇ that's where SV「それが S V するところ」　that is *the place where* SV と同義。

問2　9　正解 ④

放送内容

M : We are lucky we were able to book that room.
W : Yeah. It's so luxurious!
M : I'm looking forward to the open-air bath.
W : I heard it's made of big rocks.

Question : What kind of bath does the room have?

全訳

男性：あの部屋を予約できたなんて運がいいね。
女性：本当に。すごい豪華な部屋だわ。
男性：部屋の露天風呂が楽しみだよ。
女性：大きな岩でできているらしいわよ。

質問：部屋にはどのような風呂がついているか？

設問解説

正解は④。

男性の発言から「露天風呂」とわかり，女性の発言から「大きな岩でできている」とわかるので，露天の岩風呂である ④ が正解である。

主な語句・表現

◇ be lucky (that) SV「ＳＶして〔だなんて〕運が良い」
◇ book ...「(部屋など)…を予約する」
◇ luxurious「贅沢な；豪華な」
◇ look forward to ...「…を楽しみにする」
◇ open-air bath「露天風呂」
◇ be made of ...「…からできている」

問3　10　正解 ②

放送内容

M : Our food expenses have been too high recently.
W : Actually, they were low in April and May, and also so far this month.
M : Then why are we short of money?
W : Remember? We had four birthday parties last month.

Question : Which graph correctly shows the family's food expenses?

全訳

男性：最近うちは食費が高すぎるな。
女性：いや実際，４月と５月は安いし，今月も今のところ高くないわ。
男性：じゃあ一体なんで今こんなにお金がないんだろう？
女性：忘れた？　先月４回も誕生日パーティーがあったじゃない。

質問：どのグラフがこの家族の食費を正しく表しているか？

設問解説

正解は**❷**。

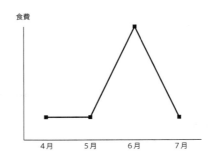

　女性の一度目の発言から4月と5月および今月の食費は高くないこと，女性の二度目の発言から先月は誕生日パーティーが多かったことがわかる。また「最近の食費」の話題で，会話に出てくるのが4月，5月，今月，および先月であれば，当然その4ヶ月間が直近の4ヶ月と考えられるので，今月は7月で，先月は6月とわかる。文脈から，誕生日パーティーが多かったとは，「お金をたくさん使った」理由を意味しているとわかるので，6月だけ食費が高くなっている **❷** が正解である。

主な語句・表現

◇ food expenses「食費」
◇ recently「最近」
◇ so far「今のところ」
◇ be short of...「…が不足している」

問4　11　正解**❸**

放送内容

M：Yesterday's magic show was awesome!
W：Which trick did you like the best?
M：The dove trick.
W：Well, my favorite was the card trick at the end of the show.

Question：Which trick did the woman like?

全訳

男性：昨日のマジックショーは素晴らしかったね。
女性：どのトリックが一番良かった？
男性：ハトのトリックかな。
女性：ええとね，私のお気に入りはショーの最後にやったカードトリックよ。

質問：女性はどのトリックを気に入ったか？

設問解説

正解は**❸**。

設問が「女性」のお気に入りを問うている点に注意。女性は二度目の発言で「カードトリック」と言っているので，③ が正解である。

主な語句・表現

◇ awesome「素晴らしい」
◇ trick「手品；トリック」
◇ dove「ハト」
◇ favorite「お気に入り」

第３問

解　答	問１－① 　　　問２－② 　　　問３－④ 　　　問４－③ 　　　(各４点)

出題のねらい

　　身の回りの事柄に関して平易な英語で話される短い対話を，場面の情報を参考にしながら聞き取ることを通じて，概要や要点を目的に応じて把握する力を問う問題です。

出典

　Original Material

問１ ☐12 **正解①**

放送内容

M：Here we are. Let's check our bags in the locker and walk along the beach.
W：Why don't we go to the hotel and check in instead?
M：Okay, we can leave our bags in the hotel room and relax.
W：Yes. We can enjoy walking along the beach later.

全訳

男性：さあ着いた。バッグをロッカーに預けて，浜辺を散歩しよう。
女性：そうしないで，ホテルに行ってチェックインしてはどうかしら。
男性：わかった。ホテルの部屋にバッグを置いて，くつろぐことができるね。
女性：そうよ。浜辺の散歩は後でも楽しめるわ。

　　（質問）　彼らは次におそらく何をするか？

　　① ホテルでチェックインする。
　　② バッグをロッカーに預ける。
　　③ ホテルの部屋でくつろぐ。
　　④ 浜辺を散歩する。

設問解説

　正解は①。
　　バッグをロッカーに預けて浜辺を散歩しようという男性の提案に対し，女性はホテルに行ってチェックインしようと提案をする。男性は「わかった」と，女性の提案に賛成している。よって正解は①である。
　　②については，バッグを置いてくるのは「ホテルの部屋」であり「ロッカー」ではないことが，男性の２つ目の発言から明らかなので誤り。③については，部屋にバッグを置いてくつろぐのはホテルにチェックインした後なので，不適切。また，④は女性の２つ目の発言に「浜辺の散歩は後でも楽しめるわ」とあることから，誤り。

主な語句・表現

◇ Here we are.「さあ着いた」
◇ check ...「…を預ける」 この check は他動詞。
◇ check in「〈ホテルで〉宿泊手続きをする；チェックインする」
◇ instead「そうしないで；その代わりに」

問２ ☐13 **正解②**

放送内容

W：I've been having trouble sleeping.
M：Do you drink coffee before going to bed?
W：No. I don't watch TV or use the computer at night, either. I don't get very much exercise, though.

— 英 L 102 —

M：But that's just what you need.

全訳
女性：なかなか眠れないのです。
男性：就寝前にコーヒーを飲みますか？
女性：いいえ。私，夜はテレビも見ないしコンピュータも使いません。運動はあまりしませんが。
男性：でも，それこそがあなたに必要なことなんですよ。

（質問）　医師の助言は次のうちどれか？

① 夕食に食べる量を減らす。
❷ もっと運動をする。
③ カフェインの摂取量を減らす。
④ コンピューターゲームをするのをやめる。

設問解説
正解は❷。
「運動はあまりしませんが」という，女性の2つ目の発言を受けて「でも，それこそがあなたに必要なことなんですよ」と医師が答えている。that（それ）とは，「運動をすること」を指すことが対話の流れから明らかである。よって正解は❷である。
①，③，④はいずれも対応する発言が対話の中にないため不適。

主な語句・表現
◇ have trouble −ing「−することに苦労する；なかなか−することができない」 ここでは睡眠障害が「前から続いている」ことを表すために，have been having trouble sleeping と，現在完了進行形が用いられている。
◇ get exercise「運動をする」
◇ though「しかし」 この though は副詞。
◇ that's just ...「それこそ…；それがまさに…」
◇ what you need「あなたが必要とするもの［こと］」 この what は関係代名詞。
◇ the following「次に述べること」
◇ reduce「…を減らす」
◇ caffeine intake「カフェインの摂取（量）」

問3　　14　　正解④
放送内容
M：I feel as if Ken were an old friend.
W：That's how I feel, too. I haven't talked to him much, though.
M：And smart, too. You can tell it by the way he speaks.
W：So, he's a textbook case of a good student.
M：Well, he's funnier than he appears to be.

全訳
男性：ぼくは，まるでケンが昔からの友人のような気がするよ。
女性：私もそう思うわ。彼と話したことはあまり多くないんだけど。
男性：それに頭もいい。それは彼の話し方でわかるね。
女性：じゃあ，彼は模範的な優等生だわ。
男性：うーん，彼は見かけより面白いんだよ。

（質問）　ケンについての意見で正しいのはどれか？

— 英L 103 —

① 彼は優れたアスリートだ。
② 彼は昔からの友人である。
③ 彼は頭がいいというよりは親切である。
④ **彼は予想外に面白い。**

設問解説

正解は ④。

　優等生と見られているケンについて，男性は最後に「彼は見かけより面白いんだよ」と述べており，これが ④ と一致する。

　ケンの運動能力については全く言及されていないので，① は不可。② は，「as if ＋仮定法」を用いて，「まるでケンが昔からの友人のような気がするよ」と述べている，男性の最初の発言と矛盾した内容で誤り。また ③ は，対応する発言が対話の中にないため不適切である。

主な語句・表現

◇ as if S were ...「まるでSが…であるかのように」
◇ old friend「昔からの友人」
◇ how S ＋ V「SがVするやり方」　That's how S ＋ Vで「それがSがVするやり方」，つまり「Sはそのように V する」という意味になる。
◇ smart「頭がよい」
◇ can tell ...「…がわかる」
◇ the way S ＋ V「SがVするやり方」　上に述べた how S ＋ V と同義。
◇ textbook case「模範的な実例」
◇ <funnier> than S appear(s) to be「S は見かけよりも〈面白い〉」
◇ statement「意見；陳述」
◇ unexpectedly「予想外に；意外に」

問4　　15　　正解 ③

放送内容

M : I seem to have lost a library magazine.
W : Have you searched your bag and locker?
M : Of course. I also looked everywhere in my house.
W : How about the school cafeteria? You might have left it on a table there.
M : That's quite likely. Thank you for reminding me.

全訳

男性：ぼく，図書館の雑誌を失くしたみたいなんだ。
女性：バッグやロッカーの中は捜したの？
男性：もちろんさ。家の中のあらゆる所も捜したんだ。
女性：学食はどうなの？　そこのテーブルの上に置き忘れたかもしれないわよ。
男性：その可能性は高いね。気づかせてくれてありがとう。

　（質問）男性は次におそらく何をするか？

　① 図書館員に尋ねる。
　② もう一度ロッカーを調べる。
　❸ **学食に戻る。**
　④ 家の中のあらゆる所を捜す。

設問解説

正解は ❸。

　「学食はどうなの？　そこのテーブルの上に置き忘れたかもしれないわよ」という，女性の2つ目の発言を受けて，男性は「その可能性は高いね。気づかせてくれてありがとう」

— 英L 104 —

と同意している。よって正解は ③ である。

① については，対話の内容から，「図書館員に尋ねる」ことにはならないので，誤り。
② の「ロッカー」，④ の「家の中のあらゆる所」は，どちらも男性がすでに捜した場所であり，さらに捜すとは述べられていないので不適切である。

主な語句・表現

◇ seem to have p.p「－したようだ」
◇ search「…の中を捜す」
◇ everywhere「あらゆる所で」
◇ How about ... ?「…はどうですか？」
◇ school cafeteria「学食」
◇ likely「可能性がある」
◇ remind「気づかせる；思い出させる」
◇ librarian「図書館員；司書」

第4問

解答

A 問1 16 ②　17 ④　18 ③　19 ①　（完答で4点）
　 問2 20 ④　21 ②　22 ④　23 ⑤　（各1点）
B 問1 － ①　　　　　　　　　　　　　　　　　　　　（4点）

出題のねらい

A　必要な情報を聞き取り，分類や並べ替えをすることを通じて，話し手の意図を把握する力を問う問題です。

出典　*Original Material*

問1　正解　16 ②　→　17 ④　→　18 ③　→　19 ①

放送内容

One day, I was reading a book about science, and found it a little difficult to understand. I wanted to be sure I understood everything, so I went to ask a science teacher at my school some questions. He was very happy to see how curious I was. He explained what I wanted to know, and recommended a book he said would be helpful for me. On my way home, I stopped by a bookshop and got the book. That night, I was very surprised to find that the book was written by "Tom Smith," which was the name of the teacher!

全訳

　ある日，私は科学に関する本を読んでいて，その本を理解するのが少し難しいと思いました。すべてを理解しているという確信を持ちたかったので，学校の理科の先生のところにいくつか質問をしに行きました。先生は，私が好奇心旺盛なのがわかってとても喜んでいました。先生は私が知りたがっていたことを説明し，私にとって役に立つだろうと言う本を1冊，推薦してくれました。家に帰る途中，私は書店に立ち寄ってその本を手に入れました。その夜，その本が「トム・スミス」によって書かれたものだとわかり，私はとても驚きました。それはその先生の名前だったのです。

 →  → →

設問解説

正解は ② → ④ → ③ → ①。

　まず，女子学生は本の理解が難しいと感じている。これが ② のイラストである。その後，学校に行き，理科の先生にその本の内容について質問をする。④ のイラストにその様子が描かれている。質問した後で，女子学生は家に帰る途中に書店に立ち寄る。③ が書店のイラストである。最後に，書店で買った本に先生の名前を見つけて驚く。この内容を表しているのが ① のイラストである。

　したがって，② → ④ → ③ → ① が正解。

主な語句・表現

◇ curious「好奇心のある」
◇ recommend「…を推薦する」
◇ helpful「役に立つ」
◇ stop by「立ち寄る」

問2　正解　| 20 | ④　　| 21 | ②　　| 22 | ④　　| 23 | ⑤

放送内容

Our company's payment plans have changed a lot, so we must revise the table showing the different rates. Could you fill in the table as follows? The basic rates for Models A, B and C are $45, $55, and $60 respectively. Plan 1 requires no additional fee. Plan 2 requires another $5, and Plan 3 requires another $10. Oh, one more thing. The additional charge will be doubled if applied to Model A.

全訳

うちの会社の支払いプランが大幅に変わったため，様々な料金を示した表を修正しなくてはいけません。これから言うように表を埋めてくれませんか？　モデルA，B，Cの基本料金はそれぞれ45ドル，55ドル，60ドルです。プラン1は追加料金がかかりません。プラン2は追加で5ドル，プラン3は追加で10ドル必要です。ああ，あと一つ付け加えなくては。モデルAに適用する場合，追加料金は二倍になります。

① 50ドル　② 55ドル　③ 60ドル　④ 65ドル　⑤ 70ドル

モデル	プラン	月額料金
モデルA	プラン1	
	プラン2	
	プラン3	20
モデルB	プラン1	21
	プラン2	
	プラン3	
モデルC	プラン1	
	プラン2	22
	プラン3	23

設問解説

| 20 |　**正解④**

第3文（The basic rates …）からモデルAの基本料金は45ドルとわかる。第5文（Plan 2 requires …）からプラン3は追加で10ドルかかることがわかる。さらに最終文（The additional charge …）からモデルAでは追加料金が二倍になることを理解する。そうすると，45 + 10 × 2 = 65ドルとなり，④ が正解。

| 21 |　**正解②**

第3文からモデルBの基本料金は55ドルとわかる。第4文（Plan 1 requires …）からプラン1は追加料金がかからないことがわかるので，55 + 0 = 55ドルとなり，② が正解。

| 22 |　**正解④**

第3文からモデルCの基本料金は60ドルとわかる。第5文からプラン2は追加で5ドルかかることがわかるので，60 + 5 = 65ドルとなり，④ が正解。

— 英L 107 —

23 正解 ⑤

　すでに確認したように，モデルCの基本料金は60ドルで，プラン3は追加料金が10ドルである。よって，60 + 10 = 70ドルとなり，⑤ が正解。

(主な語句・表現)
◇ payment plan「支払いプラン」
◇ a lot「たくさん」　ここでは副詞として使われている。
◇ revise ...「…を修正する」
◇ table「表」
◇ rate「料金」
◇ fill in ...「…を埋める；…に書き込む」
◇ as follows「以下の通り；次のように」
◇ respectively「それぞれ」
◇ additional「追加の」
◇ one more thing「あと一つ」　言い忘れていた情報などを追加するときに用いる表現。
◇ charge「料金」

(出題のねらい)
B　全体で170語程度からなる4つの発話を聞いて，それらの中で最も条件に合うアルバイト先を選ぶ形式で，複数の情報を正確に聞き取り整理できるかを問う問題です。英語の非母国語話者の発話が入るのも，この問題の特徴の一つです。

(出典)
Original Material

問1　24　正解 ①

(放送内容)
1　Why don't you work at the café in the station mall?　My mother has been working there for years and has coworkers of different ages.　She says they need a couple of part-timers who can work from 6 to 9 on weekdays.

2　I hear the convenience store across from campus is hiring new staff.　You can choose your working hours, but probably will be asked to work on weekends.　The staff includes students, housewives, and retired people.

3　You should teach at the cram school I've been working for.　The hourly wage is high, and it's fun talking with the other teachers!　Most of them are university students like us.　The last class finishes at 8:50 p.m.

4　I recommend the DVD rental shop near my house.　I'm working there now, but will quit next month.　The work is not hard, and you can rent DVDs for yourself at a reduced price.　I sometimes work on Sundays, so you may also have to.

(全訳)
1　駅のショッピングモールにあるカフェで働かない？　母が何年もそこで働いていて，様々な年齢の同僚がいるわ。母が言うには，平日に6時から9時まで働けるアルバイトが2〜3名必要らしいわ。

2　キャンパスの向かい側のコンビニで新しいスタッフを募集しているらしいよ。勤務時間は選べるけど，おそらく週末に働くように頼まれるだろうね。スタッフには学生や主婦や退職した人たちがいるよ。

— 英 L 108 —

3　私が働いている塾で教えるべきだわ。時給は高いし，他の先生たちと話すのは楽しいわ。先生たちはほとんど私たちのような大学生なの。最後の授業は午後8時50分に終わるわ。

4　僕の家の近くのＤＶＤレンタル店をお勧めするよ。今僕はそこで働いているんだけど，来月辞めるんだ。仕事は大変じゃないし，割引価格でＤＶＤを借りられるよ。僕は時々日曜日に働いていたから，君も働かなければならないかもしれないよ。

① カフェ
② コンビニエンス・ストア
③ 塾
④ ＤＶＤレンタル店

設問解説

① 正解。
　このカフェで募集しているのは，平日勤務のスタッフなので，条件Ａは満たされる。勤務時間は6時から9時と言われているので，午後9時半までには勤務を終えられることになり，条件Ｂも満たされる。さらに，「様々な年齢の同僚がいる」という話から，「様々な年齢の人と働きたい」という条件Ｃも満たされる。以上のことから，すべての条件が満たされるので，① が正解である。

② 不正解。
　このコンビニでは，「勤務時間が選べる」ということで，条件Ｂは満たされ，また，「学生，主婦，退職した人たち」がスタッフに含まれているということなので，条件Ｃも満たされている。しかし，「おそらく週末に働くように頼まれるだろう」と言われていることから，条件Ａは満たされそうもない。以上のことから，条件Ａが満たされないので，② は不正解である。

③ 不正解。
　この塾は，「最後の授業が午後8時50分に終わる」と言われているので，条件Ｂは満たされる。しかし，「先生たちはほとんど大学生」と言われているので，条件Ｃは満たされない。さらに条件Ａについては情報がなく判断ができない。以上のことから，条件Ｃが満たされず，条件Ａが不明なので，③ は不正解である。

④ 不正解。
　このＤＶＤレンタル店は，「日曜日に働かなければならないかもしれない」と言われているので，条件Ａが満たされそうもない。勤務時間やスタッフの年齢構成については述べられていないので，条件Ｂおよび条件Ｃが満たされるかどうかについては不明である。以上のことから，条件Ａが満たされず，条件Ｂ，Ｃは満たされるかどうか不明なので，④ は不正解である。

主な語句・表現

◇ Why don't you ...?「…してはどうですか？」
◇ station mall「駅ビル；駅内または隣接の商業施設」
◇ coworker「同僚」　　　　　　　　　◇ a couple of ...「2～3の…」
◇ weekday「平日；週日」　　　　　　◇ cram school「塾」
◇ hourly wage「時給」　　　　　　　◇ recommend ...「…を勧める」
◇ quit「辞める」
◇ rent「…を（代金を払って）借りる；…を（代金をもらって）貸す」
◇ reduced price「割引価格」

第5問

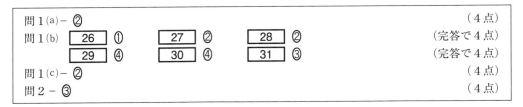

出題のねらい　320語程度の社会的な話題に関する講義を聞いて（今回は「幼児教育」がテーマ），ワークシートを完成させたり，内容一致問題に答えることを通じて，概要や要点をとらえる力を問う問題です。さらには問2では，聞き取った情報と，図表から読み取れる情報を組み合わせて判断する力が問われています。

出典　〈参考〉National Center for Education Statistics

放送内容

[講義]

　Did you attend a school before you started "real" school — a "preschool"? Preschool is also known as pre-primary school or nursery school, and often kindergarten is included. Whatever the name, all qualify as early childhood education. Early childhood education is any formal education or care that takes place before primary school, and usually covers the ages from birth through five.

　There are two main types of early childhood education programs: academic-based and play-based. Academic-based programs are "teacher-directed." Teachers lead children in a structured way and mainly provide literacy and math instruction. Play-based programs, on the other hand, are considered "child-centered." Children choose activities based on their interests, and, through play, develop not only their basic reading and math skills but also their social skills.

　Perhaps the three most famous approaches to child-centered education in the world are the Montessori, Waldorf, and Reggio Emilia approaches. The three are similar in that they originated in Europe, and schools based on them have multi-aged classrooms and use individualized curricula to enhance children's learning. However, there are several differences. While Montessori schools encourage children to work alone, at their own pace, the other two encourage children to work together in groups. In Montessori and Waldorf schools, parents are always welcome to join in, but it's not mandatory. In Reggio Emilia schools, parents are considered to be an essential part of the curriculum and are expected to be involved every day.

　Most early childhood education programs can be good for children. The problem is that they can also be very expensive. Not every family can afford to send a child to one for several years.

[講義（続き）]

　Let's look at the percentage of American children attending an early childhood education program. Overall, most young American children attend school before primary school, but there always has been a higher percentage of 5-year-olds and 4-year-olds than 3-year-olds in preschool programs. Why is that?

[講義]

　あなたは「本物の」学校に通う前に，学校，つまり「プリスクール」に行きましたか？プリスクールはプレプライマリースクールやナーサリースクールとしても知られていて，しばしばキンダーガーテンも含まれます。名前がどのようなものであっても，すべて幼児教育としての基準を満たしています。幼児教育とは小学校以前に行われる正規の教育やケアのことで，通常０歳～５歳までの年齢を対象にしています。

　幼児教育のプログラムには２つの主な種類があります。勉強中心のプログラムと遊び中心のプログラムです。勉強中心のプログラムは「教師主導型」になります。教師が体系化された方法で子どもたちを指導します。主に読み書きや算数の指導を行います。一方，遊び中心のプログラムは「子ども主体型」と考えられています。子どもたちは自分の興味をもとに活動を選び，遊びを通して初歩的な読解力と計算力のみならず人と付き合う能力も発達させるのです。

　おそらく世界で最も有名な３つの子ども主体型教育はモンテッソーリ教育，ウォルドルフ教育，レッジョエミリア教育の取り組みかもしれません。この３つの取り組みはヨーロッパ発祥である点，それらの取り組みをもとにした学校には異なる年齢の子どもたちが１クラスに混ざっており，子どもの学びを高めるために個人に合わせたカリキュラムが用いられている点で似ています。しかし，違いもいくつかあります。モンテッソーリ教育の学校は子どもが自分のペースで一人で作業するのを奨励する一方で，他の２つは子どもたちがグループで一緒に作業することを奨励します。モンテッソーリ教育とウォルドルフ教育の学校では，親の参加はいつでも歓迎されますが，それは強制ではありません。レッジョエミリア教育の学校では，親はカリキュラムのきわめて重要な部分であると考えられており，毎日参加することが期待されています。

　ほとんどの幼児教育プログラムは子どもにとって良いものとなりえます。問題は，それらが非常に高額でもあるということです。すべての家族が子どもを複数年間幼児教育のプログラムに通わせる余裕があるわけではありません。

[講義（続き）]

　幼児教育プログラムに通っているアメリカの子どもたちの割合を見てみましょう。全体的に言って，ほとんどのアメリカの幼い子どもたちは小学校前に学校に行っています。しかし，プリスクールプログラムに通っている割合が，３歳児よりも５歳児や４歳児のほうが常に高いのはなぜでしょうか？

設 問 解 説

[ワークシート]

○ 幼児教育（ECE）の説明
　　― 25 を対象とした正規の教育やケア

○ ECE プログラムの２つの主な種類：
　　勉強中心型：＿＿＿＿＿＿＿＿＿＿＿＿＿＿＿＿＿
　　遊び中心型：＿＿＿＿＿＿＿＿＿＿＿＿＿＿＿＿＿

○ ３つの子ども主体型アプローチ：

	類似点	相違点	
		学び： ① 個別的に　あるいは ② グループで	親の参加： ③ 必須　あるいは ④ 必須ではない
モンテッソーリ	●＿＿＿＿＿	26	29
ウォルドルフ	●＿＿＿＿＿	27	30
レッジョエミリア	●＿＿＿＿＿	28	31

問1(a)　 25 　正解 ②

① 　０−３歳　　　　　　　② 　０−５歳
③ 　１−３歳　　　　　　　④ 　１−５歳
⑤ 　３−４歳　　　　　　　⑥ 　３−５歳

正解は ②。
　　第１段落最終文（Early childhood education ...）で幼児教育の定義が与えられており，後半部分で usually covers the ages from birth through five と述べられている。birth とは「誕生」という意味。つまり生まれたばかりの０歳児から５歳児までが幼児教育が扱う年齢の範囲になるので，正解は ② になる。

問1(b)　正解　 26 　①　　 27 　②　　 28 　②
　　　　　　　　 29 　④　　 30 　④　　 31 　③

① 　個別的に　　　　② 　グループで　　　　③ 　必須　　　　④ 　必須ではない

　　ワークシートの表の１列目には「モンテッソーリ」「ウォルドルフ」「レッジョエミリア」という教育アプローチの名前が示されている。講義では第３段落でこの３つについて紹介されている。第４文（While Montessori schools ...）で「モンテッソーリ教育の学校は子どもが自分のペースで一人で作業するのを奨励する一方で，他の２つは子どもたちがグループで一緒に作業することを奨励します」と述べられていることから， 26 には ①，27 と 28 には ② が入る。

— 英 L 112 —

また，同段落第5文（In Montessori and ...）の「モンテッソーリ教育とウォルドルフ教育の学校では，親の参加はいつでも歓迎されますが，それは強制ではありません」という内容から 29 と 30 には ④ が入る。さらに，同段落最終文（In Reggio Emilia ...）で「レッジョエミリア教育の学校では，親はカリキュラムのきわめて重要な部分であると考えられており，毎日参加することが期待されています」と述べられていることから，31 には ③ が入る。

問1(c)　32　正解 ②

① モンテッソーリ教育の教室は，教師1名，補助教員1名と同じ年齢の子どもたちで構成されている。
② 遊び中心のプログラムの子どもたちは勉強中心のプログラムの子どもたちと比べると，より上手な社交術が身につく可能性がある。
③ レッジョエミリア教育の取り組みは大人と子どもの教育の両方のためにアメリカで開発された。
④ ウォルドルフ教育の学校は子どもたちの学びと発達を高めるために作られた1つのカリキュラムを用いている。

正解は ②。
　第2段落第3文（Teachers lead children ...）と最終文（Children choose activities ...）で勉強中心と遊び中心のプログラムで子どもたちが身につけられる能力が紹介されている。
　第3文では「(教師が) 主に読み書きや算数の指導を行います」と述べられていることから，勉強中心のプログラムでは主に2つの能力が伸ばせることになる。最終文では「遊びを通して初歩的な読解力と計算力のみならず人と付き合う能力も発達させる」と述べられている。2つのプログラムでは共通して「読み書き」が学べるが，遊び中心のプログラムでは人と付き合う能力，つまり社交術も伸ばせる可能性があるので，② が正解になる。
　第3段落第2文（The three are ...）の前半部分で「この3つの取り組みはヨーロッパ発祥である」と述べられていることから，③ は誤りになる。また，同文の途中で「異なる年齢の子どもたちが1クラスに混ざっている」と述べられていることから，1クラスが同じ年齢の子どもたちで構成されているのではないことがわかるので，① は誤りになる。また，同文の後半部分「子どもの学びを高めるために個人に合わせたカリキュラムが用いられている」から，ウォルドルフ教育の学校で用いられるカリキュラムは1つだけではないとわかるので，④ は誤りになる。

問2　33　正解 ③

図1　就学前プログラムに入学した3歳・4歳・5歳児の割合（2000 − 2018）

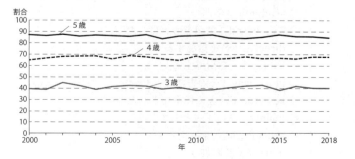

① アメリカの子どもたちは5歳になったらキンダーガーテンまたはプリスクールに通わなければならない。
② アメリカの親たちは子どもたちをプリスクールに行かせるよりも自宅で教育するほうを好む。
❸ 多くの家族は費用のせいで子どもがもっと大きくなるまでプリスクールに行かせるのを待つ。
④ アメリカの幼児教育プログラムのほとんどは3歳の子どもを受け入れていない

正解は❸。

　グラフを見ると，2000年から2018年までの間に幼児教育プログラムに通ったアメリカの子どもたちの年齢とその割合が示されている。5歳児は常に80%以上が通っているのに対し，4歳児は60%～70%の間，3歳児に至っては40%前後という低い数字にとどまっている。

　次に，続きの講義の中では，第2文（Overall, most young ...）の後半部分で「プリスクールプログラムに通っている割合が，3歳児よりも5歳児や4歳児のほうが常に高い」と指摘した後，最終文（Why is that?）で理由について問いかけている。

　理由にあたりそうな内容は，最初の講義の最終段落第2文（The problem is ...）と最終文（Not every family ...）で述べられている。幼児教育は高額で，0歳～5歳まで複数年にわたって子どもを通わせられる余裕のある家庭ばかりではないという内容から，「費用」が理由だとわかるので，❸ が正解になる。

　続きの講義の中で「ほとんどのアメリカの幼い子どもたちは小学校前に学校に行っている」という言及はあるが，年齢による義務の話は出ていない。最初の講義の中でも幼児教育の義務化の話は出ていないので，① は誤り。また，自宅での教育や3歳児の受け入れ拒否についても触れられていないので，② と ④ も誤りになる。

主な語句・表現

［講義］

◇ preschool「プリスクール」　幼稚園と訳されることが多い。
◇ pre-「前の；以前の」
◇ primary school「小学校」
◇ nursery school「ナーサリースクール」　保育園と訳されることが多い。
◇ kindergarten「キンダーガーテン」　幼稚園と訳されることが多い。
◇ Whatever the name, ...「名前が何であろうと…」　whatever は譲歩の副詞節を導き「何であろうとも」の意味。the name の後ろに is または may be が省略されている。
◇ qualify as A「Aとしての資格がある」
◇ early childhood education「幼児教育」
◇ formal「正規の；正式な」
◇ take place「行われる」
◇ cover ...「…を含む；…を扱う；…を対象とする」
◇ academic「学問の」
◇ 名詞 -based「名詞をもとにした」
◇ direct ...「…を指導する」
◇ lead ...「…を指導する」
◇ in a ... way「…の方法で」
◇ structured「よく体系化された」
◇ mainly「主に；主として」
◇ provide ...「…を与える」
◇ literacy「読み書き」
◇ instruction「指示；教育」

— 英 L 114 —

◇ on the other hand「他方；一方」
◇ based on ...「…をもとに」
◇ develop ...「…を伸ばす；…を発達させる」
◇ not only A but also B「Aだけではなく Bも」
◇ basic「初歩的な」
◇ social skill「人と付き合う技術；社交術」
◇ Waldorf「ウォルドルフ［ウォルドルフ・シュタイナー］教育」
◇ similar「よく似た」
◇ in that ...「…という点で」
◇ originate「始まる；生じる」
◇ multi-「多数の」
◇ individualized「特定の人に合わせた；特化した」
◇ curricula「教育課程；カリキュラム」 単数形は curriculum。
◇ enhance ...「…を高める」
◇ encourage A to -「Aに-するよう促す」
◇ at one's own pace「自分のペースで」
◇ be welcome to -「-することを歓迎される」
◇ join in「参加する」
◇ mandatory「義務的な；強制的な」
◇ essential「必須の」
◇ be expected to -「-することが期待される」
◇ be involved「かかわる；参加する」
◇ not every family「すべての家族が…わけではない［…とは限らない］」 not + every は部
　　分否定。
◇ can afford to -「-できる；-する余裕がある」

[講義（続き）] ◇ overall「全体的に言って」

[ワークシート] ◇ description「説明」
◇ similarity「類似点」
◇ difference「相違点」
◇ parental「親の」
◇ involvement「参加；かかわり」

[選択肢] ◇ consist of A「Aから成り立っている」
◇ teaching assistant「補助教員」
◇ single「たったひとつの」
◇ designed to -「-するために作られた」
◇ development「発達」
◇ turn C「Cになる」
◇ prefer to -「-するほうを好む」
◇ educate ...「…を教育する」
◇ accept ...「…を受け入れる」

第6問

解答			
A	問1 - ②	問2 - ①	（各4点）
B	問1 - ⑤	問2 - ②	（各4点）

出題のねらい　A　130語程度の身近な話題や馴染みのある話題に関する対話や議論を聞いて，話者の発話の要点を選ぶ問題です。必要な情報を把握する力や，それらの情報を統合して要点を整理，判断する力が問われています。

出典　*Original Material*

問1　34　正解②　問2　35　正解①

放送内容　[設問解説のために，通し番号をふってあります]

① John：Some teachers seem to be against students using electronic dictionaries. I wonder why.

② Mary：Well, I think they believe those dictionaries deprive students of opportunities to learn.

③ John：What do you mean?

④ Mary：Well, for example, some say the screens are too small, so all students can see are definitions. They don't see a lot of other things at the same time.

⑤ John：Other things? Like what?

⑥ Mary：Well, like usages, word origins, example sentences ....

⑦ John：Well, I don't think students learn a lot about those "other things" even when they use paper dictionaries. And electronic dictionaries are so small that students can carry them around wherever they go and consult them whenever they want to. Electronic dictionaries aren't depriving students of opportunities to learn. They're doing just the opposite.

全訳

①ジョン　：教師の中には学生が電子辞書を使うことに反対の人もいるようだけど，なぜなんだろう。

②メアリー：そうね，電子辞書は学生から学習の機会を奪っていると信じているんだと思うわ。

③ジョン　：どういう意味だい？

④メアリー：えーと，たとえば画面が小さすぎて，学生には定義しか見えないという先生もいるの。同時に他の多くのことが目に入ってこない，というわけね。

⑤ジョン　：他のことって，たとえば？

⑥メアリー：まぁ，たとえば語法とか語源とか例文ね…。

⑦ジョン　：うーん，僕は学生が紙の辞書を使っているときだって，そういった「他のこと」について，たくさん学んだりすることはないと思うよ。それに電子辞書はとても小さいから，学生はどこに行くときも持ち歩くことができるし，引きたいときにはいつでも引けるでしょ。電子辞書は学生から学習の機会を奪ってなんていないよ。まさにその逆だよ。

— 英 L 116 —

設問解説

問1 （質問） ジョンの話の要点は何か？

① 電子辞書は紙の辞書よりもはるかに使いやすい。
② 電子辞書は学生の学習の機会を増やす。
③ 彼は，なぜメアリーが電子辞書の使用に反対なのかわからない。
④ 教師は，学生に電子辞書を使うのを許すことで，多くの恩恵を得ることができる。

正解は**②**。

最後の⑦のセリフでジョンが「電子辞書は学生から学習の機会を奪ってなんていないよ。まさにその逆だよ」と述べていることに対応する。

ジョンは⑦のセリフで「電子辞書は携帯性に優れている」とは述べているが，紙の辞書よりも「使いやすい」とは述べていないため①は不可。電子辞書の使用に反対しているのは「一部の教師たち」であって，メアリーではないので③も不可。上述の通りジョンの⑦のセリフで，電子辞書を使用することが学生の学習の機会を増やす（すなわち，学生に恩恵をもたらす）とは述べられているが，教師に恩恵をもたらすとは述べられていないので④も不可。

問2 （質問） メアリーの話の要点は何か？

① 教師の中には，学生は紙の辞書を使う方がはるかに多くのことを学べると信じている者がいる。
② 学生は辞書を使っているときに，定義に注意を払い過ぎる。
③ 学生は語法，語源，そして例文にあまり注意を払うべきではない。
④ 彼女が考える電子辞書の最大の問題は画面の大きさである。

正解は**①**。

メアリーは「電子辞書の使用に反対している教師がいるのはなぜか」というジョンの疑問に対して，その教師たちが反対している理由を説明している。その内容を最も忠実に表しているのが①である。

主な語句・表現

◇ be against ... 「…に反対」
◇ deprive A of B 「AからBを奪う」
◇ all students can see are ... 「学生に見えるのは…だけ」 all と students の間には関係代名詞が省略されている。
◇ Like what?「たとえば（どんなこと）？」
◇ usage「語法」
◇ word origin「語源」
◇ consult ... 「〈辞書・本など〉を調べる」
◇ opposite「逆のこと；正反対のこと」

| 出題のねらい | B　250 語程度の議論を聞いて，それぞれの話者の立場を判断する問題です。さらに，意見を支持する図表を選ぶことを通じて，必要な情報を統合し，要点を整理，判断する力が問われています。 |

| 出　典 | *Original Material* |

問 1　　36　　正解⑤　　問 2　　37　　正解②

| 放送内容 |

[設問解説のために，通し番号をふってあります]

① Moderator : Thank you Professor Jones for your presentation on the use of ICT in education.

② Jones : You're welcome. I think it's important for people to understand the kinds of unprecedented changes schools will be going through in the near future.

③ Moderator : Yes. You say most resources for teachers and students will become digital.

④ Jones : Yes.

⑤ Moderator : Okay. Now, are there any questions? Susan?

⑥ Susan : Yes. I was glad to hear that more ICT will be used in classrooms, but what about school libraries? Students now still have to use paper encyclopedias to do research. Wouldn't it be better to use search engines for that?

⑦ Jones : Yes, they are much quicker to use, and also you can get information from various sources at the same time, which is better than just reading what is in one encyclopedia.

⑧ Moderator : How about you, Vincent? Do you have a question?

⑨ Vincent : Well, I'm doubtful that search engines are better than paper encyclopedias. And it seems unlikely that digital textbooks and dictionaries are more helpful than conventional ones. Surely it is much easier for students to use non-digital resources.

⑩ Moderator : To tell the truth, Prof. Jones, I feel students can learn more by using paper dictionaries, encyclopedias and textbooks, and I've read some research papers which support that.

⑪ Jones : Well, according to the research I've done, it's the other way around. Classes using digital textbooks produced better results than those that did not. This is probably because the amount of information digital textbooks can convey is far greater than that conveyed by paper textbooks.

| 全　訳 |

①司会　　　：ジョーンズ教授，教育におけるＩＣＴの利用についてのプレゼンテーション，ありがとうございました。

②ジョーンズ：どういたしまして。近い将来に学校が経験することになる先例のないような変化を人々が理解することは重要だと思っています。

③司会　　　：はい。先生は，教師と学生が利用する教材や機器のほとんどはデジタル化するとおっしゃっているわけですね。

④ジョーンズ：そうです。

⑤司会　　　：わかりました。さて，質問はありますか？　スーザン，どうですか？

— 英 L 118 —

⑥スーザン　：はい。ＩＣＴがもっと教室で活用されるようになると聞いて，うれしく思いました。でも，学校の図書館はどうですか？　学生たちはまだ情報を集めるために紙の百科事典を使っています。情報収集のためには検索エンジンを使った方がよいのではないでしょうか？

⑦ジョーンズ：はい，その方がずっと素早く使えますし，同時にいろんな情報源から情報を入手できます。その方が一冊の百科事典に書かれていることを読むだけというよりもいいですね。

⑧司会　：ビンセント，あなたはどうですか？　質問はありますか？

⑨ビンセント：えー，検索エンジンの方が紙の百科事典よりいいということはたぶんないと思います。それにデジタル教科書や辞書の方が，従来のものより役に立つということも恐らくないだろうと思います。間違いなく，学生にとってはデジタル化されていない教材や機器を使う方がずっと簡単でしょう。

⑩司会　：ジョーンズ教授，実は私も紙の辞書，百科事典や教科書を使う方がより学生の勉強になると思っています。それに，そうした考えを支持する研究論文もいくつか読んだことがあります。

⑪ジョーンズ：えーと，僕の行った研究によれば，それは逆なんです。デジタル教科書を使った授業の方が使わなかった授業より結果はよいのです。これはたぶんデジタル教科書が伝えることができる情報量の方が，紙の教科書が伝えられる情報量よりはるかに多いからだと思います。

設問解説　　問1　　36　　正解⑤

① ジョーンズ教授とスーザン
② ジョーンズ教授と司会者
③ スーザンとビンセント
④ 司会者とスーザン
⑤ **司会者とビンセント**
⑥ 司会者とスーザンとビンセント

正解は⑤。

　ジョーンズ教授は会話全体より，またスーザンはセリフ⑥よりＩＣＴ化に好意的であることがわかる。一方⑨，⑩のセリフからビンセントと司会者は賛成ではないことがわかるので，正解は⑤に決まる。

問2　37　正解 ②

① ICT利用の利点

② 試験結果（中学生＆高校生）

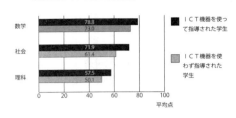

③ 学校のコンピュータ1台に対する学生数

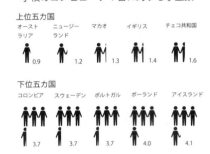

④ 学期末レポートを書く際に学生が利用する情報源

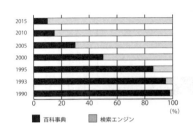

正解は ②。
　②のグラフはICT機器を使って指導された学生の方が，使わずに指導された学生より試験結果が良かったことを示している。これは，⑪のセリフでジョーンズ教授が述べた「ICTを利用した授業の方が成果があった」という内容を支持していると言える。

主な語句・表現

◇ ICT (= Information and Communication(s) Technology)「情報通信技術」
◇ unprecedented「先例のない」
◇ resource　ここでは「教育で用いられる資料，教材，機器」といった意味。
◇ encyclopedia「百科事典」
◇ search engine「(Google や Yahoo! 等の) 検索エンジン」
◇ be doubtful that ...「…はありそうにない」
◇ it seems unlikely that ...「…はありそうもないように思える」
◇ conventional「従来の」
◇ to tell the truth「本当のことを言うと」
◇ the other way around「逆；反対」
◇ convey ...「…を伝える」

第 5 回	実戦問題　解答・解説

●設問別正答率表

解答番号	1 1	2	3	4	5	6	7	2 8	9	10
配　　点	3点	3点	3点	3点	4点	4点	4点	3点	3点	3点
正答率(%)	87.8	80.5	67.4	75.0	49.0	60.2	95.0	76.2	78.3	67.5
解答番号	11	3 12	13	14	15	4 16-19	20	21	22	23
配　　点	3点	4点	4点	4点	4点	4点	1点	1点	1点	1点
正答率(%)	88.1	61.4	86.2	90.9	17.3	89.4	93.2	80.2	62.3	58.9
解答番号	24	5 25	26-28	29-31	32	33	6 34	35	36	37
配　　点	4点	4点	4点	4点	4点	4点	4点	4点	4点	4点
正答率(%)	49.3	46.8	30.1	32.5	55.9	35.3	79.0	43.9	26.9	55.6

●設問別平均点・標準偏差表

設問	設　問　内　容	配　点	平均点	標準偏差
1	発話	24	17.5	4.6
2	短い対話（イラスト選択）	12	9.3	3.0
3	短い対話	16	10.2	3.8
4	モノローグ	12	8.5	3.0
5	講義	20	8.0	5.7
6	長めの会話	16	8.2	4.6
合　　　計		100	61.8	17.1

●第5回　得点別偏差値・順位表

得　点	偏差値	順　位	得　点	偏差値	順　位	得　点	偏差値	順　位	得　点	偏差値	順　位
100	72.3	1	75	57.7	2156	50	43.1	6664	25	28.5	8890
99	71.8		74	57.1	2238	49	42.5	6819	24	27.9	8903
98	71.2	59	73	56.5	2351	48	41.9	6967	23	27.3	8919
97	70.6	63	72	56.0	2584	47	41.4	7117	22	26.7	8934
96	70.0	67	71	55.4	2786	46	40.8	7272	21	26.2	8947
95	69.4	198	70	54.8	2887	45	40.2	7420	20	25.6	8959
94	68.8	200	69	54.2	3052	44	39.6	7541	19	25.0	8968
93	68.2	205	68	53.6	3279	43	39.0	7695	18	24.4	8985
92	677	222	67	53.0	3513	42	38.4	7807	17	23.8	8994
91	67.1	391	66	52.5	3656	41	37.8	7926	16	23.2	9002
90	66.5	405	65	51.9	3832	40	37.3	8028	15	22.6	9013
89	65.9	413	64	51.3	4067	39	36.7	8136	14	22.1	9020
88	65.3	467	63	50.7	4266	38	36.1	8240	13	21.5	9022
87	64.7	695	62	※50.1	4425	37	35.5	8328	12	20.9	9024
86	64.2	715	61	49.5	4621	36	34.9	8398	11	20.3	9028
85	63.6	742	60	49.0	4848	35	34.3	8471	10	19.7	9030
84	63.0	825	59	48.4	5018	34	33.8	8527	9	19.1	9034
83	62.4	1102	58	47.8	5193	33	33.2	8581	8	18.5	
82	61.8	1130	57	47.2	5399	32	32.6	8632	7	18.0	9041
81	61.2	1184	56	46.6	5590	31	32.0	8669	6	17.4	
80	60.6	1334	55	46.0	5808	30	31.4	8710	5	16.8	9042
79	60.1	1600	54	45.4	5974	29	30.8	8750	4	16.2	
78	59.5	1646	53	44.9	6173	28	30.2	8793	3	15.6	
77	58.9	1712	52	44.3	6346	27	29.7	8826	2	15.0	
76	58.3	1896	51	43.7	6486	26	29.1	8858	1	14.5	
									0	13.9	9044

※印は平均点の位置を示す

— 英 L 122 —

英語（リスニング） 第5回〔100点満点〕

（解答・配点）

問題番号（配点）	設問		解答番号	正解	配点	自己採点欄
第1問（24）	A	1	1	④	3	
		2	2	②	3	
		3	3	②	3	
		4	4	②	3	
	B	1	5	①	4	
		2	6	③	4	
		3	7	①	4	
小　計						
第2問（12）		1	8	④	3	
		2	9	④	3	
		3	10	④	3	
		4	11	①	3	
小　計						
第3問（16）		1	12	①	4	
		2	13	②	4	
		3	14	②	4	
		4	15	②	4	
小　計						

（注）　＊は，全部正解の場合のみ点を与える。

問題番号（配点）	設問		解答番号	正解	配点	自己採点欄
第4問（12）	A	1	16	③	4*	
			17	④		
			18	①		
			19	②		
		2	20	③	1	
			21	①	1	
			22	②	1	
			23	④	1	
	B	1	24	④	4	
小　計						
第5問（20）	1	(a)	25	⑥	4	
		(b)	26	②	4*	
			27	①		
			28	④		
			29	①	4*	
			30	③		
			31	③		
		(c)	32	①	4	
	2		33	④	4	
小　計						
第6問（16）	A	1	34	②	4	
		2	35	④	4	
	B	1	36	⑤	4	
		2	37	③	4	
小　計						
合　計						

— 英 L 123 —

第 1 問

解答

A	問1 - ④	問2 - ②	問3 - ②	問4 - ②	（各3点）
B	問1 - ①	問2 - ③	問3 - ①		（各4点）

出題のねらい　A　身の回りの事柄に関して平易な英語で話される短い発話を聞いて，「話者の言いたいこと」を把握する力を問う問題です。

出典　*Original Material*

問1　□1□　正解④

放送内容　I saw a movie yesterday. It was so good that I saw it twice.

全訳　昨日，映画を見たんだ。とてもよかったから2度見たよ。

① その映画はとてもつまらなかった。
② その映画はそんなに悪くはなかった。
③ 話者はその映画が気に入らなかった。
④ **話者はその映画をとても気に入った。**

設問解説　正解は④。
　話者にとってその映画は2回見るほどよかった，という内容から「話者はその映画をとても気に入った」という内容の④が正解となる。②の not so bad は，その映画の前評判などはあまりよくなかったが，見てみたらそれほど悪くはなかった，ということを表し，「とてもよかった」という発言には合わない。

主な語句・表現　◇ so ... that ～「～ほど…だ；…なので～だ」
◇ love「…が大好きだ；…を気に入る」

問2　□2□　正解②

放送内容　Mary's birthday party is September 7th. I hope she will invite me to it.

全訳　メアリーの誕生日会は9月7日だ。彼女，僕をその会に招待してくれるといいな。

① 話者はメアリーよりも若い。
② **話者は誕生日会に行きたがっている。**
③ 話者は誕生日会に招待された。
④ 間もなく話者の誕生日が来る。

設問解説　正解は②。
　メアリーの誕生日会が9月7日で，話者をその会に招待してくれたら，という期待を述べた文の内容として，②の「話者は誕生日会に行きたがっている」が正解。③は，話者がすでに誕生日会に招待されていることを意味するため，誤り。

主な語句・表現　◇ hope (that) SV「SがVすることを望む［期待する］」

— 英 L 124 —

| 問3 | 3 | 正解 ② |

放送内容

We ate out at our favorite restaurant last night.　Although we had to wait before being seated, we had a good time there.

全訳

　昨晩は私たちはお気に入りのレストランで外食をした。席に着くまで待たなくてはならなかったが，私たちはそこで楽しい時を過ごした。

① そのレストランは最近開店したばかりだ。
② そのレストランはとても人気がある。
③ そのレストランはとても古いレストランだった。
④ そのレストランはあまりよくなかった。

設問解説

正解は ②。
　「自分たちのお気に入り」であることに加え，そこで着席するまで待たされたこと，とても楽しい時間を過ごしたこと，という発話内容から，この３つを根拠に総合的に考えると，正解は ② となる。

主な語句・表現

◇ eat out「外食する」
◇ favorite「お気に入りの」
◇ although ...「…だけれども」
◇ seated「席に着いた」
◇ have a good time「楽しい時を過ごす」

| 問4 | 4 | 正解 ② |

放送内容

When I took the train to school this morning, I was able to find a seat.　I wish it were like that every day.

全訳

　今朝私が学校に行こうと電車に乗った時，空席を見つけることができた。毎日そんなふうだったらいいのにな。

① 話者は今日空席を見つけることができなかった。
② 話者は空席を見つけられないことが多い。
③ 話者の電車は今朝事故にあった。
④ 話者の電車は今朝混雑していた。

設問解説

正解は ②。
　話者は今朝学校に行くのに電車に乗ると空席を見つけることができたと述べたあと，続けて「毎日そんなふうだったらいいのにな」と述べていることから，普段は空席を見つけられないことがわかる。よって，② が正解。① は，今朝空席が見つかったということに矛盾する。③ は，事故があったとは述べられておらず，誤り。④ は，今朝は空席が見つかったのだから，電車は混雑していなかったと考えるのが自然であり，誤り。

主な語句・表現

◇ take the train「電車に乗る」
◇ find a seat「(空) 席を見つける」
◇ wish + (that) ...「(実際はそうではないが) …であったらいいのに」　that 以下では仮定法を用いることから，were となっている。

— 英 L 125 —

| 出題のねらい | B　身の回りの事柄に関して平易な英語で話される短い発話を聞いて，それに対応するイラストを選ぶことを通じて，発話内容を把握する力を測るとともに，文法が生きた知識として身についているかどうかを問う問題です。 |

| 出典 | *Original Material* |

問1　| 5 |　正解 ①

| 放送内容 | The man took a bus downtown from his suburb in order to meet a friend. |

| 全訳 | 男性は友人に会うためにバスに乗って繁華街に行った。 |

| 設問解説 | 正解は ①。
　took a bus downtown（バスに乗って繁華街に行った）と in order to meet a friend（友人に会うために）の部分から，男性の行き先と友人の居場所はどちらも繁華街だとわかる。よって正解は ① となる。 |

| 主な語句・表現 | ◇ take a bus downtown「バスで繁華街に行く」　この downtown は副詞として用いられている。
◇ suburb「郊外」
◇ in order to ─「─するために」 |

問2　| 6 |　正解 ③

| 放送内容 | She's writing the report now, but probably won't be able to finish it by the deadline. |

| 全訳 | 彼女は今報告書を書いているが，おそらく締め切りまでにそれを書き終えられないだろう。 |

| 設問解説 | 正解は ③。
　女性は「今報告書を書いている」と述べられているので，パソコンの前で作業をしている ③ か ④ のどちらかになる。また「おそらく締め切りまでにそれを書き終えられないだろう」とあることから，自分が叱られている姿を想像している ③ が正解となる。 |

| 主な語句・表現 | ◇ report「報告書」
◇ probably「おそらく」
◇ by the deadline「締め切りまでに」　by は期限を表し，「…までに」という意味になる。 |

問3　7　正解 ①

放送内容

The boy was walking across the street when he ran into a friend.

全訳

少年が歩いて道を渡っていると友人に偶然出会った。

設問解説

正解は ①。

「少年が歩いて道を渡っている」と述べられていることから，① か ③ のどちらかになる。また「友人に偶然出会った」と述べられていることから ① が正解となる。

主な語句・表現

◇ walk across ...「…を歩いて横断する」
◇ run into ...「…に偶然出会う」

第2問

解答 問1 - ④　　問2 - ④　　問3 - ④　　問4 - ①　　　　　（各3点）

出題のねらい　身の回りの出来事に関する平易な会話を聞いて，その場面に合った内容のイラストを選ぶ形式で，会話の概要や要点を正しく把握できるかを問う問題です。

出典　*Original Material*

放送内容

問1　[8]　正解 ④

M : How about there, near the woods?
W : I'd prefer it by the bridge.
M : I see. Over there, then?
W : That's too far from the parking area. I think the other side would be better.

Question : Where does the woman want to put up the tent?

全訳
男性：あそこの森の近くはどう？
女性：橋の近くの方がいいわ。
男性：わかったよ。じゃあ，むこうの方は？
女性：駐車場から遠すぎるわ。反対側の方がよいと思う。

質問：女性はどこにテントを張りたいか？

設問解説　正解は ④。

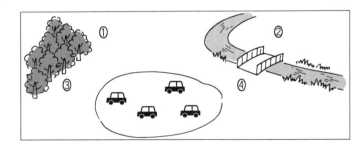

　男性が森の近くにテントを張るのはどうかと尋ねるが，女性は橋の近くの方がよいと答えている。それを受けて男性は再度場所を提案するが，女性は駐車場から離れすぎているから反対側の方がよいと述べている。したがって，女性は橋の近くであり，駐車場に近い側である ④ にテントを張りたいと思っていることがわかる。

主な語句・表現
◇ How about …?「…はどうですか？」
◇ woods「森」
◇ prefer …「…の方が好きだ」
◇ by the bridge「橋の近くに」　by は近接を表し「…の近くに」という意味。
◇ I see.「なるほど；わかりました」
◇ over there「むこうの方に」
◇ far from …「…から遠くに」

◇ parking area「駐車場」
◇ the other side「反対側」

問2　9　正解 ④

放送内容

M：You look nice in this photo.
W：Thanks. My whole family went to Kyoto during the vacation, except for my father.
M：How did you like it?
W：Super! It was a bit cold, though.

Question：Which is the correct picture?

全訳

男性：この写真よく写っているね。
女性：ありがとう。休み中にお父さん以外の家族みんなで京都に行ったの。
男性：どうだった？
女性：最高だったわ。少し寒かったけど。

質問：正しい写真はどれか？

設問解説

正解は ④。

　女性は最初の発言で父親を除く家族全員で京都に旅行に行ったこと，次の発言で寒かったことを述べている。「父親は同行しなかった」および「寒かった」という2つの条件を満たすものは ④ のみである。

主な語句・表現

◇ photo「写真」
◇ my whole family「私の家族全員」
◇ except for ...「…を除いて」
◇ How do you like ...?「…はどうですか？」
◇ super「すばらしい；最高の」
◇ a bit「少し」
◇ though「でも；けれども」

問3　10　正解 ④

放送内容

W：Can I have that plant?
M：The one with large leaves?
W：No, it has small leaves and thorns.
M：OK. Here it is. Be careful not to hurt your fingers.

Question：Which plant are the speakers talking about?

【全訳】
女性：その植物をもらえますか？
男性：大きな葉の植物ですか？
女性：いいえ，小さな葉ととげがある植物です。
男性：承知しました。どうぞ。指を傷つけないよう気をつけてくださいね。

質問：話し手たちはどの植物について話しているか？

【設問解説】
正解は ④。

男性は，女性が指しているのは葉の大きな植物かと尋ねるが，女性は葉が小さくとげのある植物であると答えている。「葉が小さい」および「とげがある」という2つの条件を満たすものは ④ のみである。

【主な語句・表現】
◇ the one with ... 「…のあるもの」 ここでは one は plant を意味している。
◇ thorn 「とげ」
◇ Here it is.「（物を相手に差し出して）どうぞ」
◇ be careful not to – 「–しないように気をつける」
◇ hurt 「…を傷つける」

問4 11 正解 ①

【放送内容】
M：It seems likely to rain today.
W：Is there anything we can do indoors?
M：How about going to the movies?
W：I don't really feel like doing that.

Question：Which activity would the woman probably like to do best?

【全訳】
男性：今日は雨が降る可能性が高いようだ。
女性：屋内でできることは何かあるかしら？
男性：映画に行くのはどう？
女性：あまりそうしたい気分ではないわ。

質問：女性がおそらく最もやりたいと思っている活動はどれか？

【設問解説】
正解は ①。

今日は雨が降る可能性が高いという男性の発言に対して，女性は屋内でできることがあるかと聞いている。さらに，男性は映画に行こうと提案するが，女性はあまりそうしたい気分ではないと言っている。「屋内でできる」および「映画鑑賞ではない」という2つの条件を満たすものは①のみである。

主な語句・表現

◇ seem likely to - 「－する可能性が高いようだ」
◇ indoors「屋内で」
◇ How about ...?「…するのはどうですか？」
◇ go to the movies「映画に行く」
◇ feel like -ing「－したい気分だ」

第3問

解答 問1 - ① 問2 - ② 問3 - ② 問4 - ② （各4点）

出題のねらい 身の回りの事柄に関して平易な英語で話される短い対話を，場面の情報を参考にしながら聞いて，設問に対する答えを（イラストやグラフではなく）英語で書かれた選択肢から選ぶ問題です。

出典 *Original Material*

放送内容 問1 ☐12☐ 正解 ①

M：I'm heading home. Do you want me to buy anything at the store? I know we need milk.

W：Oh, I bought some this morning, but I forgot to get bread.

M：Okay. Anything else?

W：Hold on, let me check the refrigerator. ...We have enough butter but we don't have any beer.

M：Got it.

全訳 男性：家に帰るよ。何かお店で買ってきてほしいものはあるかい？ 牛乳がないのはわかってるけど。

女性：あら，今朝牛乳は買ったんだけど，パンを買うのを忘れちゃったわ。

男性：わかった。ほかに何かある？

女性：ちょっと待って。冷蔵庫を見てみるわ。バターは十分にあるけど，ビールが全然ないわ。

男性：了解。

（質問） 男性は何を買うつもりか。

① パンとビール
② パンと牛乳
③ バターとビール
④ バターと牛乳

設問解説 正解は ①。

男性が家路の途中で，何か買ってきてほしいものがあるかを女性に聞いている。女性は，牛乳は買ったがパンを買い忘れたこと，さらに冷蔵庫をチェックして，バターはあるがビールがないということを男性に伝えている。したがって，① が正解となる。

主な語句・表現
◇ head home「家に向かう」
◇ forget to － 「－することを忘れる（＝していない）」 ＜ forget －ing「－したことを忘れる（＝している）」
◇ hold on「待つ；電話を切らないでおく」
◇ (I) Got it.「了解しました」

— 英 L 132 —

問2 　13 　正解 ②

放送内容

W : Michael, dinner is ready! Aren't you hungry?
M : I'm busy now. I'm on the phone with Nancy.
W : Well, it's fried chicken and garlic bread. Your favorite! I hope there's some left for you later.
M : What? Did you say fried chicken? I'm coming!

全 訳

女性：マイケル，夕食ができたわ。お腹空いてない？
男性：今忙しいんだ。ナンシーと電話中なんだ。
女性：あら，フライドチキンとガーリックブレッドなんだけど。あなたの大好物よ。あなたの分，後で残っているといいけどね。
男性：えっ？　フライドチキンって言った？　今行くよ！

（質問）　マイケルはいつ夕食を食べるか。

① 　今夜，もっと後に食べる。
② 　今，食べる。
③ 　明日の朝，食べる。
④ 　今夜は食べない。

設問解説

正解は ②。
　　女性が夕食の準備ができたことを男性に伝えると，男性は電話中であり「今忙しい」と応答する。続けて女性が男性の大好物のフライドチキンが「すぐに食べないとなくなってしまう」ことを暗に伝えると，男性は，I'm coming!「今行くよ！」と答えている。したがって，男性が夕食のフライドチキンを食べるのは「今」であり，② が正解となる。

主な語句・表現

◇ Aren't you ...? 「…ではないの？」 付加疑問文。
◇ be on the phone with A 「Aと電話で会話中である」
◇ there is ... left 「…が残っている」
◇ later 「後で」
◇ I'm coming! 「（相手に対して）今そっちに行くよ！」

問3 　14 　正解 ②

放送内容

M : It's getting dark. We'd better hurry back to the hotel. Let's take the subway.
W : I'm afraid of using the subway. Let's take a taxi instead.
M : That'd be too expensive. Trust me, the New York subway is not as dangerous as it used to be.
W : Okay. I guess I watch too many movies.

全 訳

男性：暗くなってきたね。ホテルに急いで戻った方がよさそうだ。地下鉄に乗ろう。
女性：地下鉄を使うのは怖いわ。それよりタクシーに乗りましょうよ。
男性：それじゃあお金がかかり過ぎてしまうよ。僕を信用して。ニューヨークの地下鉄は以前ほど危険じゃないんだ。
女性：わかったわ。私，たぶん映画の見過ぎね。

（質問）　男性と女性はどうやってホテルに戻るか。

① バスで。
❷ 地下鉄で。
③ タクシーで。
④ 徒歩で。

設問解説

正解は ❷。

　暗くなってきたので，ホテルに戻ることを決め，男性は地下鉄に乗ることを提案する。女性は地下鉄を使うのが怖いため，タクシーに乗ることを提案するが，男性がタクシーは運賃が高いこと，またニューヨークの地下鉄が現在は以前と違って安全になったことを女性に伝えると，女性は「わかったわ」と答えている。したがって答えは ❷ の「地下鉄で」となる。

主な語句・表現

◇ It gets dark「(外が) 暗くなる」
◇ had better −「−したほうがよい」
◇ hurry back to ...「急いで…に戻る」
◇ subway「地下鉄」
◇ be afraid of −ing「−することを恐れている」
◇ instead「その代わりに」
◇ That'd be ... = That would be ...　この would は will を控えめにした表現。
◇ Trust me.「私を信用してください；本当のことだよ」
◇ not as ... as 〜「〜ほど…ではない」
◇ S used to −「S はかつては−した」
◇ I guess ...「たぶん…だと思う」

問 4　　15　　正解 ❷

放送内容

W：What do you think about our new teacher?
M：I'm glad that he's easygoing. I don't like strict teachers.
W：I'm also glad he's easygoing, but he gives us a lot of homework.
M：Well, that means he wants us to learn a lot. He cares about us.
W：You really like him, don't you?

全訳

女性：新しい先生のこと，どう思う？
男性：おおらかな先生でよかったよ。僕，厳しい先生はだめだな。
女性：私もおおらかな先生でよかったって思うわ。でも，宿題はたくさん出すわね。
男性：まあ，それって僕たちにたくさん学んでほしいって先生が思っているってことだよ。僕たちのこと，気にかけてくれているんだよ。
女性：あなた，あの先生のことが本当に気に入っているのね。

（質問）二人の生徒はどんなことで意見が一致しているか。

① 新任の先生は怠惰である。
❷ 新任の先生はおおらかな人だ。
③ 新任の先生はとても親切だ。
④ 新任の先生はとても神経質だ。

— 英 L 134 —

設問解説

正解は **❷**。

　　新しい先生に関してどう思うかを女子生徒が男子生徒に尋ねると，男子生徒は「おおらかな先生でよかった」と答え，それに対して女子生徒も同意する。続けて女子生徒がその先生は宿題をたくさん出すと述べると，男子生徒は，それは自分たちのことを思ってのことだと先生を完全に擁護しているが，それに対する女子生徒の応答は単に「あなた，あの先生のことがほんとうに気に入っているのね」というものであり，その先生が生徒思いの親切な人物だという点でも男子生徒に同意しているとは言えない。よって，二人の生徒が同意している内容は，先生が easygoing であることのみなので，その意味に近い relaxed（おおらかな）が正解となる。

主な語句・表現

◇ easygoing「気楽な；おおらかな」
◇ strict「厳格な；厳しい」
◇ that means ...「それは…ということだ」
◇ care about「気にかけている」

— 英 L 135 —

第４問

解答

A　問1　16　③　　17　④　　18　①　　19　②　　（完答で４点）
　　問2　20　③　　21　①　　22　②　　23　④　　（各１点）
B　問1 − ④　　　　　　　　　　　　　　　　　　　　　（４点）

出題のねらい

A　必要な情報を聞き取り，分類や並べ替えをすることを通じて，話し手の意図を把握する力を問う問題です。

出典

Original Material

問1　正解　16　③ → 17　④ → 18　① → 19　②

放送内容

　Last Sunday, for the first time, my mother asked my four-year-old brother, Yusuke, to go to the supermarket alone to buy some fruit. I was so worried that I decided to follow him secretly. Yusuke was able to reach the supermarket and buy two apples all by himself. On his way home, however, he got lost. I was about to help him, when he began to ask people around him where he was. He had a hard time finding his way home, but he didn't cry. Eventually, he managed to get home, but when he saw our faces, he finally began to cry.

全訳

　この前の日曜日，初めて母が４歳の弟のユウスケに果物を買いに，一人でスーパーに行くよう頼んだ。私はとても心配だったので，こっそり後についていくことに決めた。ユウスケは完全にひとりだけでスーパーにたどり着き，リンゴを２つ買うことができた。しかしながら，帰る途中で，弟は道に迷った。私が手助けしようとしたまさにそのとき，弟は周りの人に自分の位置を尋ね始めた。彼は家に帰るのに苦労したが，泣くことはなかった。ついに弟はどうにか家に着いたが，私たちの顔を見ると，とうとう泣き出したのであった。

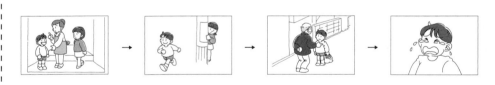

設問解説

　正解は ③ → ④ → ① → ②。
　まず，母親がユウスケにスーパーへのおつかいを頼んでいる。これが ③ のイラストである。その後，心配した女の子がおつかいに行くユウスケの後をこっそりと追いかける。④ のイラストにその様子が描かれている。スーパーで買い物を終えた後，帰り道に迷ったユウスケは周りの人に場所を尋ねる。① が人に道を尋ねているイラストである。最後に，なんとか家にたどり着いたユウスケが家族の顔を見てとうとう泣き出してしまう。この内容を表しているのが ② のイラストである。
　したがって，③ → ④ → ① → ② が正解。

主な語句・表現

◇ for the first time「初めて」
◇ worried「心配した」
◇ decide to −「−することに決める」
◇ follow ...「…の後をつける」

◇ secretly「こっそりと；内緒で」
◇ reach ...「…にたどり着く」
◇ (all) by oneself「（完全に）ひとりで」
◇ on ...'s way ～「～への途中で」
◇ get lost「道に迷う」
◇ be about to －「（まさに）－しようとしている」
◇ have a hard time －ing「－するのに苦労する」
◇ find one's way (...)「（…に）たどり着く」
◇ eventually「ついに」
◇ manage to －「どうにか－する」

問2　正解　| 20 | ③　| 21 | ①　| 22 | ②　| 23 | ④

（放送内容）

　　This is the list of the best-selling medicines in our store. I want you to fill in those blanks for the number of pills in each product. Are you ready? Now, a small bottle for stomachache has fourteen pills. Small bottles for cold and pollen allergy have seven and ten, respectively. Large bottles contain twice as many as small ones.

（全訳）

　　これは私たちの店で最もよく売れている薬のリストです。それぞれの製品の錠剤の数をその空欄に書き込んで欲しいと思います。準備はよいですか。それでは，胃痛用の小さいビンは 14 錠です。風邪と花粉症の小さいビンは，それぞれ 7 錠と 10 錠です。大きいビンは小さいビンの 2 倍の数を含んでいます。

　　① 7　　② 10　　③ 14　　④ 20　　⑤ 28

製品	ビンのサイズ	錠剤の数
胃痛	小	20
	大	
風邪	小	21
	大	
花粉症	小	22
	大	23

設問解説

| 20 |　正解 ③
　　第 4 文（Now, a small ...）から胃痛薬の小さいビンには 14 錠の薬が入っていることがわかり，③ が正解。

| 21 |　正解 ①
　　第 5 文（Small bottles for ...）から風邪薬の小さいビンには 7 錠の薬が入っていることがわかり，① が正解。

| 22 | 正解 ② |

第 5 文（Small bottles for ...）から花粉症の薬の小さいビンには 10 錠の薬が入っていることがわかり，② が正解。

| 23 | 正解 ④ |

最終文（Large bottles contain ...）から，大きいビンに含まれる錠剤の量は小さいビンの 2 倍であるとわかる。すでに確認したように，花粉症の小さいビンの錠剤の数は 10 錠であったので，$10 \times 2 = 20$ 錠となり，④ が正解。

【主な語句・表現】

◇ medicine「薬」
◇ fill in ...「…に書き込む；…を埋める」
◇ blank「空欄」
◇ pill「錠剤」
◇ product「製品」
◇ stomachache「胃痛；腹痛」
◇ cold「風邪」
◇ pollen allergy「花粉症」
◇ respectively「それぞれ」
◇ contain「…を含む」
◇ twice as many (pills) as ...「…の 2 倍（の錠剤）」
◇ ones は代名詞で，bottles を意味している。

【出題のねらい】

B　全体で 160 語程度から成る 4 つの発話を聞いて，それらの中で最も条件に合うおみやげを選ぶ形式で，複数の情報を正確に聞き取り整理できるかを問う問題です。英語の非母語話者の発話が入るのも，この問題の特徴の一つです。

【出典】

Original Material

問 1　| 24 |　正解 ④

【放送内容】

1　I always buy California Cake. Once you've eaten it, you'll never be satisfied with any other cake. To enjoy the taste, it's necessary to keep it refrigerated and eat it within two days. You want to take it to Japan? No problem!

2　I recommend Columbia Candy. Its taste won't change in either hot or cold places. Of course, you're allowed to take it to Japan. But you have to eat it within three days. Any longer than that, and it'll go bad.

3　You must buy Harvard Cookies. Whenever I take them to Japan, most of my friends like them. You can keep them for as long as six months unless you put them in such a warm place that the chocolate on them melts.

4　Your friends will definitely love Stanford Pie. It is sold only in this country, but it's possible for you to go back to Japan with it. The taste keeps a long time regardless of the surrounding temperature.

— 英 L 138 —

全 訳

1　私はいつもカリフォルニアケーキを買います。一度食べると他のケーキでは決して満足できなくなるでしょう。味わいを楽しむためには，冷蔵保存して２日以内に食べることが必要です。日本に持っていきたいのですか？　まったく問題ありません！

2　コロンビアキャンディーをお勧めします。暑いところでも寒いところでも味は変わりません。もちろん日本に持っていくことも許可されています。しかし３日以内に食べなくてはなりません。それを少しでも過ぎてしまうと，悪くなってしまいます。

3　ハーバードクッキーを買わなきゃだめですよ。日本に持っていくといつも友人のほとんどが気に入ってくれます。クッキーにかかっているチョコレートが溶けてしまうほど暖かい場所に置かない限りは，６か月もの間保存ができます。

4　友だちは絶対にスタンフォードパイを大好きになるよ。この国でしか売っていないんだけど，日本に持ち帰ることができるんだ。周りの温度に関係なく味は長持ちするよ。

① カリフォルニアケーキ
② コロンビアキャンディー
③ ハーバードクッキー
④ **スタンフォードパイ**

設問解説

① 不正解。
　カリフォルニアケーキは日本に持っていくことができると述べられているので，条件Ａは満たされる。しかし，「冷蔵保存して２日以内に食べることが必要」とあることから，条件Ｂと条件Ｃが満たされず，① は不正解である。

② 不正解。
　コロンビアキャンディーは「日本に持っていくことも許可されています」とあり，また「暑いところでも寒いところでも味は変わりません」とあるので，条件Ａと条件Ｂは満たされる。しかし，「３日以内に食べなくてはなりません」と述べられていることから，条件Ｃが満たされず，② は不正解である。

③ 不正解。
　ハーバードクッキーは「日本に持っていくといつも友人のほとんどが気に入ってくれます」という内容から日本への持ち込みが可能だと判断でき，条件Ａは満たされる。また，「６か月もの間保存ができます」と述べられていることで，条件Ｃも満たされることがわかる。しかし，「チョコレートが溶けてしまうほど暖かい場所に置かない限り」とあるため，条件Ｂが満たされているとは言えず，③ は不正解である。

④ 正解。
　スタンフォードパイは「日本に持ち帰ることができる」とあるので，条件Ａが満たされる。また，「周りの温度に関係なく味は長持ちする」と述べられていることから，条件Ｂと条件Ｃも満たされる。以上から，すべての条件が満たされるので，④ が正解である。

主な語句・表現

◇ once「いったん…すると」
◇ satisfied with ...「…に満足した」
◇ refrigerate「…を冷蔵する」
◇ within「…以内に」

— 英 L 139 —

◇ recommend「…を勧める」
◇ allow O to − 「Oが−するのを許可する」
◇ go bad「悪くなる：腐る」
◇ whenever「…するときはいつも」
◇ for as long as ...「…もの間」
◇ unless「…しない限り」
◇ such a ...〈名詞〉that S V「S Vするほどに…な〈名詞〉」
◇ melt「溶ける」
◇ definitely「確実に；間違いなく」
◇ possible「可能な」
◇ regardless of「…とは関係なく」
◇ surrounding「周囲の；取り囲んでいる」
◇ temperature「温度」
◇ temperature torelant「熱への耐性がある」
◇ long lasting「長持ちする」

第5問

解答

問1(a)— ⑥ (4点)

問1(b) | 26 | ② | 27 | ① | 28 | ④ | (完答で4点)
| 29 | ① | 30 | ③ | 31 | ③ | (完答で4点)

問1(c)— ① (4点)

問2 — ④ (4点)

出題のねらい

　　300語程度の社会的な話題に関する講義を聞いて（今回は「子どもの外で遊ぶ時間の減少とその影響」がテーマ），ワークシートを完成させたり，内容一致問題に答えることを通じて，概要や要点をとらえる力を問う問題です。さらに問2では，聞き取った情報と，図表から読み取れる情報を組み合わせて判断する力が問われています。

出典

Original Material

放送内容

［講義］

　　Many people feel that children these days are playing less and less outside. According to one survey, 92% of parents say their children of elementary school age spend much less time playing outdoors than they did when they were children. Another study proves this change. It shows that in 1981, elementary school children played outdoors for an average of 130 minutes per day while children in 2016 spent only 70 minutes on average.

　　As to the reasons for this change, parents mention several problems, including a decrease in the number of playgrounds and an increase in the number of complaints from local people about the noise children make. Those are kind of social problems and may be difficult for individual parents to attend to. However, there are problems parents can control if they try to. For instance, some parents say many more attractive toys and games for playing indoors are available today. However, it is the parents that decide to buy them for their children. Another problem frequently mentioned is that children are too busy learning various things after school. Again, it's up to the parents to decide whether to make their children learn those things.

　　Decreasing outdoor activity in childhood may have serious effects on their physical activity as they advance to middle school. For example, the percentage of students who hate physical education class rises sharply in middle school. A recent study by the Sports Agency shows while only 6.6% of elementary school boys hate PE class, it jumps to 11.3% in middle school.

［講義（続き）］

　　Some experts say less freedom and more discipline in Japanese physical education are responsible for the unpopularity of PE classes in middle school. Anyway, as they grow older, the difference between physically active students and inactive students is becoming wider.

— 英L 141 —

全訳

[講義]

近頃の子どもたちは外で遊ぶことがますます少なくなっていると多くの人が感じています。ある調査によれば、92％の親が、小学生の年齢の自分の子どもたちは、自分たちが子どもだった頃と比べ、外遊びに費やす時間がはるかに少ないと言っています。こうした変化を裏づける別の研究もあります。それによれば、1981年には小学生は1日平均130分外で遊んでいたのに対し、2016年には平均わずか70分しか外遊びに時間を費やしていないことがわかるのです。

この変化の理由について親たちはいくつかの問題に言及していますが、そこには遊び場の数の減少や、子どもが出す騒音に関する地域の人からの苦情数が増えていることが含まれます。こうしたことは、いわば社会的な問題で個々の親が対処するのは難しいかもしれません。しかし、親自身が制御しようとすればできる問題もあるのです。たとえば、今日室内遊び向きの魅力的な玩具やゲームがずっと多く出回っている、と言う親たちがいます。しかし、自分の子どもにそれを買い与えることを決めるのは親たちです。もう一つよく言われる問題が、子どもたちは放課後いろいろな習い事で忙しすぎるのだ、ということです。これもまた、こうしたものを子どもに習わせるかどうかを決めるのは親次第なのです。

子ども時代に戸外での活動が減ると、中学校に進んだときに、彼らの身体活動が深刻な影響を受けるかもしれません。たとえば、体育の授業を嫌う生徒たちの割合は中学校では急増するのです。スポーツ庁の最近の調査によれば、小学生男子で体育を嫌いな子は、わずか6.6％だったのが、中学生ではそれが11.3％に跳ね上がるのです。

[講義（続き）]

日本の体育では自由がより少なく、訓練がより多くなることが、中学校での体育の不人気の理由だと言う専門家もいます。いずれにせよ、成長していくにつれ、身体的に活発な生徒と不活発な生徒の差がより大きくなっています。

設問解説

[ワークシート]

問 1 (a)　　25　　正解 ⑥

① 22 分の増加　　　　　　　　② 22 分の減少
③ 38 分の増加　　　　　　　　④ 38 分の減少
⑤ 60 分の増加　　　　　　　　**⑥ 60 分の減少**

正解は⑥。
　第 1 段落最終文（It shows that ...）で，「1981 年には小学生は 1 日平均 130 分外で遊んでいたのに対し，2016 年には平均わずか 70 分しか外遊びに時間を費やしていない」という研究結果が紹介されている。この間の変化は「60 分の減少」ということになるので，⑥が正解である。

問 1 (b)　正解　　26　② 　　27　① 　　28　④
　　　　　　　　　29　① 　　30　③ 　　31　③

① より多い　　② より少ない　　③ 制御可能な　　④ 制御不能な

　ワークシートの表は，子どもの外での身体活動の減少につながる 4 つの問題を，変化の内容（増加か減少か）と，問題の種類（親が制御できるかどうか）の観点からまとめたものである。
　26 は「遊び場についての変化」である。第 2 段落第 1 文（As to the ...）で，「遊び場の減少」という問題に言及されていることから，正解は②である。
　27 は「騒音に関する苦情の変化」である。26 と同様に，第 2 段落第 1 文で，「子どもが出す騒音に関する地域の人からの苦情が増えている」と言われていることから，正解は①である。
　28 は「騒音に関する苦情の増加という問題は親が制御できるかどうか」である。この問題については，第 2 段落第 2 文（Those are kind ...）で，「いわば社会的な問題で個々の親が対処するのは難しいかもしれない」と述べられている。したがって正解は④である。
　29 は「室内向けの玩具やゲームの変化」である。これは親の発言として，第 2 段落第 4 文（For instance, some ...）で，「今日室内遊び向きの魅力的な玩具やゲームがずっと多く出回っている」という言葉が紹介されている。したがって正解は①である。
　30 は「室内向けの玩具やゲームの変化という問題は親が制御できるかどうか」である。第 2 段落第 5 文（However, it is ...）で，「自分の子どもにそれを買い与えることを決めるのは親たち」だと述べられていることから，これは親が制御しうる問題だと考えられている。したがって正解は③である。
　31 は「放課後の習い事が増えているという問題は親が制御できるかどうか」である。第 2 段落最終文（Again, it's up ...）で，「こうしたものを子どもに習わせるかどうかを決めるのは親次第」だと述べられていることから，これは親が制御しうる問題だと考えられていることになる。したがって正解は③である。

問 1 (c)　　32　　正解 ①

① **中学校に行くようになると体育の授業を嫌う生徒が増え始める。**
② 子どもに関するたいていの社会問題は親が制御できる。
③ 親たちは，今日の玩具は自分たちが使っていたものほど魅力的でないと感じている。
④ 親たちは今日の子どもたちと同じくらい長い時間，外で遊んでいたものだ。

— 英 L 143 —

正解は①。

最終段落第2文（For example, the ...）で，「体育の授業を嫌う生徒たちの割合は中学校では急増する」と述べられているので，①が正解である。

問1(b)で見たように，言及されている問題のうち，「遊び場の減少」と「騒音に関する苦情の増加」は親が制御できない問題として述べられているので，②は不正解。また，問1(a)で見たように，最近の子どもたちは親の子ども時代に比べ，外で遊ぶ時間が「60分減少している」ことから，④も不正解である。③のような内容は述べられていない。

問2　33　正解④

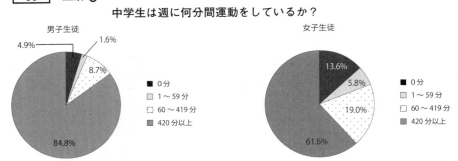

中学生は週に何分間運動をしているか？

※グラフはスポーツ庁「平成29年度全国体力・運動能力，運動習慣等調査結果」に基づき作成。

① 戸外での活動の頻度が高くても，生徒が身体的に活発になるとは限らない。
② およそ30%の男子生徒は身体的に著しく不活発である。
③ 身体的に活発な児童は中学校に行っても活発なままだろう。
④ **中学生の中には運動にほとんど時間を費やさない生徒がいる。**

正解は④。

1週間の運動時間を示した2つの円グラフを見ると，男子の4.9%，女子の13.6%がまったく運動をしていないことがわかる。また，講義（続き）の最終文（Anyway, as they ...）では，「成長していくにつれ，身体的に活発な生徒と不活発な生徒の差がより大きくなっている」と述べられている。以上のことから④が正解である。

①は，戸外での活動頻度を示す資料は示されていないので，不正解。グラフより，1週間あたりどの程度の運動時間の生徒を「身体的に著しく不活発」と考えるかの基準は明示されていないが，男子生徒の84.8%が420分以上運動しており，彼らは「不活発」とは言えない。仮に残りの生徒をすべて「著しく不活発」と考えたとしても，その割合は15%程度にとどまるので，②も不正解である。③は，根拠となる資料がなく講義でも述べられていないため，不正解である。

主な語句・表現
［講義］
◇ according to ...「…によれば」
◇ survey「調査；アンケート」
◇ outdoors「戸外で」
◇ prove「…を証明する」
◇ average「平均；平均値」
◇ on average「平均して」
◇ as to ...「…に関して」
◇ mention「…に言及する」

◇ including ...「…を含めて」

◇ decrease 名「減少」

◇ playground「遊び場」

◇ increase 名「増加」

◇ complaint「苦情；不平」

◇ local「地域の」

◇ individual「個々の」

◇ attend to ...「…を処理する；…の世話をする」　ここでは自動詞として使われている。

◇ attractive「魅力的な」

◇ indoors「屋内で」

◇ available「入手可能な；利用可能な」

◇ frequently「しばしば；頻繁に」

◇ be busy －ing「－するのに忙しい」

◇ up to ...「…次第で」

◇ in childhood「子ども時代に」

◇ effect「影響；効果」

◇ physical「身体的な」

◇ advance to ...「…に進む」

◇ middle school「中学校」

◇ physical education「体育」　PE とも言われる。

◇ rise「上昇する」

◇ sharply「急激に」

◇ Sports Agency「スポーツ庁」

[講義（続き）]　◇ expert「専門家」

◇ discipline「訓練；しつけ」

◇ responsible for ...「…の原因となって；…の責任を負って」

◇ unpopularity「不人気」　popularity の反意語。

◇ anyway「いずれにせよ」

◇ inactive「不活発な」　active の反意語。

第6問

解答	A 問1 - ②	問2 - ④	（各4点）
	B 問1 - ⑤	問2 - ③	（各4点）

出題のねらい A　学生が遭遇する可能性が十分にある状況に関わる 120 語程度の会話を聞いて，話者の発話の要点を選ぶことを通じ，必要な情報を把握する力を問う問題です。

出典 *Original Material*

問1 ┌ 34 ┐ 正解② 　問2 ┌ 35 ┐ 正解④

放送内容 ［設問解説のために，通し番号をふってあります］
① Thomas : That junk for dinner again? How can you stand eating them, Yukiko?
② Yukiko 　: Try some, Thomas. I'm sure you'll change your mind.
③ Thomas : Honestly, I can't believe you think they're delicious.
④ Yukiko 　: Not only that. They're also perfect when you're on a diet. The labels tell you exactly how many calories you get from them. For instance, this salad contains only 80 calories.
⑤ Thomas : I much prefer to make salad for myself, using fresh vegetables from the supermarket.
⑥ Yukiko 　: And you end up putting too much dressing on it, I suppose.
⑦ Thomas : It doesn't matter. I'm not worried about my weight. For me, taste matters more than anything else.
⑧ Yukiko 　: Oh, you're not? Anyway, I felt just like you until recently.
⑨ Thomas : Well, you can always change your mind again!

全訳 ①トーマス：また夕食にそのジャンクフードかい？　どうしたらそんなものを食べることに我慢できるのかな，ユキコ？
②ユキコ　：ちょっと試してみてよ，トーマス。きっと考えが変わると思うよ。
③トーマス：正直に言って，君がそれをおいしいって思うことが信じられないよ。
④ユキコ　：それだけじゃないの。これってダイエット中にも完璧なのよ。それぞれから正確に何カロリー得ることになるか，ラベルに書いてあるでしょ。たとえば，このサラダにはたったの 80 カロリーしか含まれていないわ。
⑤トーマス：自分でサラダを作る方が僕はずっと好きだね，スーパーマーケットの新鮮な野菜を使ってね。
⑥ユキコ　：それで結局その上にドレッシングをたっぷりすぎるほどかけるんでしょ，たぶん。
⑦トーマス：別に問題ないよ。僕は自分の体重のことなんて心配していないしね。僕にとって，他の何より味のほうが大事だね。
⑧ユキコ　：ああ，心配していないのね？　とにかく，この間まで私も全くあなたと同じように感じていたわ。
⑨トーマス：まあ，君もいつでもまた考えを変えられるさ！

— 英 L 146 —

設問解説

問1 （質問） ユキコの主張の中心は何か？

① コンビニエンス・ストアの食品は家で作る食事よりもずっと安い。
② コンビニエンス・ストアの食品は減量したいときには役に立つ。
③ コンビニエンス・ストアの食品を利用すると多くの手間暇を省ける。
④ 既製食品を利用すると料理の仕方を学ぶのに役立つ。

正解は**②**。
　　セリフ④で，ユキコはコンビニエンス・ストアの食品について「これってダイエット中には完璧なのよ。それぞれから正確に何カロリー得ることになるか，ラベルに書いてあるでしょ」と述べていることから，正解は**②**。他の選択肢は，いずれもユキコのセリフの中にそれらに該当する内容は含まれず，誤り。

問2 （質問） トーマスの主張の中心は何か？

① コンビニエンス・ストアの食品は経済的ではない。
② コンビニエンス・ストアの食品はひどく健康に悪い。
③ コンビニエンス・ストアの食品は驚くほどおいしい。
④ コンビニエンス・ストアの食品はおいしくない。

正解は**④**。
　　セリフ①で，トーマスはコンビニエンス・ストアの食品について「どうしたらそんなものを食べることに我慢できるのかな，ユキコ？」と述べており，さらにセリフ③でコンビニエンス・ストアの食品を勧めるユキコに対して「君がそれをおいしいって思うことが信じられないよ」と述べていることから，正解は**④**とわかる。③は明らかに矛盾した内容であり，誤り。①と②については，どちらもトーマスのセリフの中には該当する内容は含まれず，誤り。

主な語句・表現

◇ junk「ジャンクフード」
◇ stand −ing「−することを我慢する」
◇ try「…を試しに食べてみる」
◇ I'm sure ...「きっと…だと思う」
◇ change one's mind「考えを変える」
◇ honestly「正直に言って」
◇ delicious「おいしい」
◇ not only ...「…だけでなく」
◇ be on a diet「ダイエット中で」
◇ label「ラベル」
◇ exactly「正確に」
◇ calorie「カロリー」
◇ get ... from ～「～から…を得る」
◇ for instance「たとえば」
◇ contain「…を含む」
◇ prefer to −「−することを好む」
◇ for oneself「自分で」
◇ end up −ing「結局−する；−するはめになる」
◇ dressing「ドレッシング」

— 英L 147 —

◇ I suppose ...「たぶん…だろう」
◇ do not matter「問題ではない：重要ではない」
◇ worried「心配した」
◇ taste「味」
◇ anyway「いずれにせよ」
◇ until recently「最近まで」

出題のねらい　B　260語程度の議論を聞いて，それぞれの話者の立場を判断する問題です。さらに，意見を支持する図表を選ぶことを通じて，必要な情報を統合し，要点を整理，判断する力が問われています。

出　典　*Original Material*

問1　[36]　正解 ⑤　　問2　[37]　正解 ③

放送内容　[設問解説のために，通し番号をふってあります]

① Ms. Yamaguchi : Thanks for your presentation, Steve. Basically, you're saying that in terms of nutrition, cost, taste and variety, convenience store food is extremely reasonable.

② Steve : At least in Japan. When I first came here, I was amazed by what I found at convenience stores.

③ Ms. Yamaguchi : To tell the truth, I eat it far more often these days than I used to. Yes, Reiko?

④ Reiko : I'm not sure about what Steve said regarding the variety of products. There are a lot of different convenience store chains, and many don't seem to make much effort to develop new products. A few do, though. I think everyone should shop at those chains, like me. I eat food from them almost every day.

⑤ Ms. Yamaguchi : I agree about the different chains. Yes, Kenji?

⑥ Kenji : I recently read an article saying that more and more convenience store chains are becoming environmentally aware, and selling food that is environmentally friendly. For instance, many now use organically grown vegetables for their salads.

⑦ Reiko : Oh, that's why so much convenience store food these days is so expensive!

⑧ Kenji : That's right. Even so, I eat it all the time.

⑨ Ms. Yamaguchi : Yes, Steve?

⑩ Steve : I agree some of it is expensive. However, as I said earlier, if you depend entirely on convenience store foods for your meals, you'll spend far less money on food overall than if you try to cook your meals at home.

⑪ Ms. Yamaguchi : An interesting idea.

⑫ Steve : So, everyone should buy more food at the convenience store.

⑬ Ms. Yamaguchi : Maybe so. Just like you.

⑭ Steve : Actually, my host mother prepares all my meals, so I rarely eat convenience store food.

全　訳　①ヤマグチ先生：発表をありがとう，スティーブ。基本的に，あなたが言っているのは，栄養，費用，味，種類の観点からすると，コンビニエンス・ストアの食品は極めて理に適っているということですね。

②スティーブ　：少なくとも日本では。最初にこの国に来たとき，コンビニエンス・ストアで目にするものに僕は驚かされましたよ。

③ヤマグチ先生：実を言うと，私も最近は前よりずっとよくコンビニエンス・ストアの食品を食べますね。はい，レイコ？

— 英 L 149 —

④レイコ　　　　　：スティーブが製品の種類に関して言ったことについて，私は確信が持てません。コンビニエンス・ストアの様々なチェーンがたくさんあって，多くは新製品の開発にあまり力を入れていないように見えますね。力を入れているところも二，三はありますけどね。皆さんも私みたいにそういったチェーン店で買い物をしたほうがいいと思いますよ。私はほぼ毎日それらの店の食品を食べています。

⑤ヤマグチ先生：チェーン店にも様々あることについては私もそう思います。はい，ケンジ？

⑥ケンジ　　　　：最近ある記事を読んだのですが，ますます多くのコンビニエンス・ストア・チェーンが環境に意識的になってきていて，環境にやさしい食品を売るようになっていると述べていました。たとえば，今では多くのチェーンがサラダに有機栽培された野菜を使っています。

⑦レイコ　　　　：ああ，だから最近のコンビニエンス・ストアの食品の非常に多くがとても高いのね！

⑧ケンジ　　　　：そうなんだよ。たとえそうであっても，僕はいつも食べているけどね。

⑨ヤマグチ先生：はい，スティーブ？

⑩スティーブ　　：それらの中には高いものもあることは認めます。でも，さっきも言ったように，コンビニエンス・ストアの食品に食事を完全に頼るとすると，全体としては家で自分で頑張って料理をするよりもずっと安く済むのですよ。

⑪ヤマグチ先生：面白い考えですね。

⑫スティーブ　　：ですから，皆さんももっとたくさんコンビニエンス・ストアで食品を買うべきなのです。

⑬ヤマグチ先生：そうかもしれませんね。まさにあなたみたいにね。

⑭スティーブ　　：実を言うと，僕の食事はホストマザーがすべて用意してくれるので，僕はめったにコンビニエンス・ストアの食品は食べないのですけどね。

設問解説

問1　｜ 36 ｜　正解⑤

① ヤマグチ先生
② スティーブ
③ ヤマグチ先生とレイコ
④ スティーブとケンジ
⑤ ヤマグチ先生，レイコ，ケンジ
⑥ スティーブ，レイコ，ケンジ

正解は⑤。

　まず，セリフ③で，ヤマグチ先生が「私も最近は前よりずっとよくコンビニエンス・ストアの食品を食べますね」と述べている。次に，セリフ④で，レイコが「私はほぼ毎日それらの店の食品を食べています」と述べている。最後に，セリフ⑧で，ケンジが「僕はいつも食べているけどね」と述べている。スティーブについては，セリフ⑭で，「僕はめったにコンビニエンス・ストアの食品は食べないのですけどね」と述べていることから，該当しない。よって，正解は⑤となる。

— 英 L 150 —

問2　37　正解 ③

①

②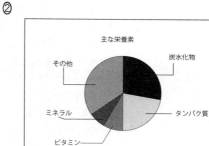

③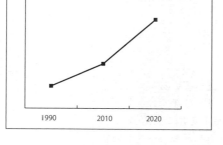

④

正解は ③。

　セリフ⑥で，ケンジは「最近ある記事を読んだのですが，ますます多くのコンビニエンス・ストア・チェーンが環境に意識的になってきていて，環境にやさしい食品を売るようになっていると述べていました」と述べていることから，正解は ③ とわかる。他の選択肢は，いずれもそれらに該当する内容はケンジの発言の中には含まれず，誤り。

主な語句・表現

◇ presentation「発表」
◇ basically「基本的に」
◇ in terms of ...「…の観点からすると」
◇ nutrition「栄養」
◇ cost「費用」
◇ taste「味」
◇ variety「種類」
◇ extremely「極めて」
◇ reasonable「理に適った；妥当な」
◇ at least「少なくとも」
◇ amazed「驚いた」
◇ to tell the truth「実を言うと」
◇ far「はるかに」
◇ used to -「かつて-した」
◇ not sure「確信がない」
◇ regarding ...「…に関して」
◇ product「製品」
◇ chain「チェーン（店）」

◇ make effort to − 「−する努力をする；−することに力を入れる」
◇ develop「…を開発する」
◇ though「…だけれども」
◇ shop「買い物をする」
◇ almost「ほとんど」
◇ agree「同意する」
◇ recently「最近」
◇ article「記事」
◇ saying that ...「…だと述べている」
◇ more and more ...「ますます多くの…」
◇ environmentally aware「環境に意識的な」
◇ environmentally friendly「環境にやさしい」
◇ organically「有機的に」
◇ grown「栽培された」
◇ even so「たとえそうであっても」
◇ all the time「いつも；つねに」
◇ as SV「ＳＶするように」
◇ earlier「さっき；以前に」
◇ depend on ... for 〜「〜を…に頼る」
◇ entirely「完全に」
◇ meal「食事」
◇ spend ... on 〜「〜に…を費やす」
◇ overall「全体として」
◇ try to −「−しようとする」
◇ at home「家で」
◇ actually「実を言うと」
◇ host mother「ホストマザー」
◇ prepare「…を用意する；…を調理する」
◇ rarely ...「めったに…しない」

① 20210721